靈魂啓蒙師

4

療癒後的圓滿人生

第壹章、療癒之後的圓滿人生　　14

一、天盤轉為「魔當道」，這下該如何是好？　14

二、成佛得自在，成魔卻是身不由己　16

三、靈魂療癒得放下，放下即圓滿？　21

四、療癒之後，靈魂何去何從？　23

 (一)傷痕累累的靈魂，你我的過程　23

 (二)靈魂受苦就是為了改變進而提升　24

 (三)靈魂療癒之後，告別過去，勇敢向前　25

五、紅塵學習來過關，靈魂升級真圓滿　28

 (一)靈魂不再原地踏步　28

 (二)五倫關係助你圓滿成　30

 (三)靈魂紅塵來重生，放下就重生　31

 (四)啟動圓滿人生的密碼：放下三步驟　32

第貳章、每一個人的天命　　42

一、是夢還是現實　42

二、語出驚人的算命師　46

三、有天命的人生　48

四、我要修－進入天命的過程　　　　　　　　50

　　五、人人有天命　　　　　　　　　　　　　　54

　　六、天命有二種，你是哪一種，或二者皆是？　56

　　七、欠債還債，開心做天命　　　　　　　　　59

　　八、天命就是我們下人界的人生功課　　　　　61

　　　　(一)做好「修身、齊家、治國及平天下」　　61

　　　　(二)做天命，得護持　　　　　　　　　　64

　　　　(三)人人都要做的人生功課　　　　　　　65

第參章、修身　　　　　　　　　　　　　　　　68

　　一、修身做得好，好運就來到　　　　　　　　68

　　二、如何做修身　　　　　　　　　　　　　　70

　　　　(一)修身的步驟：反省、角色、約束、規矩　70

　　　　(二)反省－修身首部曲　　　　　　　　　70

　　　　　　1、反省是修身的根本　　　　　　　70

　　　　　　2、反省的依據－五倫關係　　　　　71

　　　　　　3、反省就是面對自己　　　　　　　72

　　　　　　4、反省與面對，需要極大的勇氣　　73

5、反省的做法 76

(1)反省的步驟 76

①反省第一步：真正的認錯 76

②反省第二步：放下怒氣 77

③反省第三步：改變自己並做好角色 78

④反省第四步：做人沒感覺－找到自己的開心 79

(2)反省如何得開心，心想事成 82

①改變是為了自己，不是為了他人 82

②反省來學習，人生有未來 82

③反省自己是否準備好 83

④修身－反省，是一輩子的事 86

(三)角色－修身第二步驟 86

1、做好角色，做好傳承，一樣可以成佛 86

2、以身作則是最好的傳承 89

3、佛祖說，學習將角色做好是成佛的基本做法 90

(1)基本角色：男與女各有特質 90

(2)角色做法的依據：五倫關係 90

①君臣有義：學習做到「敬」與「禮」　　　　　91

　　②父慈子孝：學習做到「敬」、「善」及「慈」　　93

　　③夫婦有別：學習做到「敬」、「善」、「禮」　　95
　　　、「義」及「智」

　　④兄友弟恭：學習做到「敬」、「善」、「慈」　　95
　　　及「智」

　　⑤朋友有信：學習做到「敬」、「善」、「忠」　　98
　　　及「智」

(四)約束－修身第三步驟　　　　　　　　　　　　　100

　　1、約束就是學習改變的第一步　　　　　　　　102

　　2、約束自己要有原因才會開心的去做　　　　　103

　　3、約束自己因受環境影響而不得不做　　　　　104

　　4、約束自己是愛自己及愛家人的表現　　　　　104

　　5、約束自己要為自己而堅持　　　　　　　　　104

　　6、約束自己是因為我要這個角色　　　　　　　106

(五)規矩－修身第四步驟　　　　　　　　　　　　　107

　　1、所有規矩都源自於大自然定律　　　　　　　107

2、規矩是成佛的必備條件   109

3、規矩是你成家立業的必要條件   110

4、規矩包含二項：一是作息、二是飲食   112

(1)作息   112

(2)飲食   115

①「黃帝內經」－必讀好書   115

②孔子的飲食規矩   116

(3)結語   119

第肆章、齊家   123

一、齊家做得好，好運就來到   123

(一)有緣千里來相會   123

(二)「家」是讓我們學習傳承智慧的地方   125

二、如何做齊家   126

(一)開心做好「齊家」必備的觀念   126

(二)做齊家，圓滿自己，也要圓滿別人   127

1、心甘情願做，感覺不要多   127

2、齊家，每個人的科目不盡相同   130

3、無須想太多，做就對了　　　　　　　　　　　131

　　4、快樂做齊家－圓滿自己也要圓滿別人　　　133

(三)齊家的步驟：角色、反省、關係、家規　　　　137

　　1、角色－齊家首部曲　　　　　　　　　　　　137

　　(1)做好角色，沒感覺　　　　　　　　　　　　137

　　(2)你的角色，做對了嗎？　　　　　　　　　　139

　　(3)角色該有角色的樣子，開心去做　　　　　　140

　　2、反省－齊家第二步驟　　　　　　　　　　　141

　　(1)反省最重要的就是改變　　　　　　　　　　141

　　(2)真正的反省：面對自己、真心改變　　　　　143

　　3、關係－齊家第三步驟　　　　　　　　　　　146

　　(1)善緣善了，惡緣也善了　　　　　　　　　　147

　　(2)夫妻之間沒有溝通，做就對了　　　　　　　149

　　(3)不多說、不多做、不多聽　　　　　　　　　149

　　4、家規－齊家第四步驟　　　　　　　　　　　150

　　(1)家規就是替傳承打分數　　　　　　　　　　151

　　(2)家和萬事興　　　　　　　　　　　　　　　152

(3)家規，家家要有　　　　　　　　　　　154

(4)齊家，用心經營才有幸福感　　　　　156

第伍章、治國平天下　　　　　　　　　161

一、「治國平天下」是人人必學的功課及智慧　161

二、「平天下」牽一髮而動全身　　　　　163

(一)「平天下」讓你既開心又可以累積功德　164

(二)「平天下」的步驟　　　　　　　　164

　1、智慧－平天下首部曲　　　　　　　165

　(1)利己又利他的智慧　　　　　　　　166

　(2)做善事要親力親為，從中得智慧　　167

　2、和善－平天下的第二步驟　　　　　172

　(1)傳承做得好，和善不可少　　　　　173

　(2)和善的做法　　　　　　　　　　　173

　(3)和善得有智慧　　　　　　　　　　175

　3、慈悲－平天下的第三步驟　　　　　177

　(1)慈悲的做法　　　　　　　　　　　178

　(2)慈悲先從學習捨去開始　　　　　　178

(3)愛人才能具備包容力及同理心　　179

　　(4)包容力及同理心需要智慧判斷　　180

　　(5)學習判斷待人的包容底限　　181

　　(6)同理心就是感同身受　　182

　4、開心－平天下的第四步驟　　184

　　(1)開心經歷過程，歡喜承受　　184

　　(2)開心是經過反思後才能得到　　187

三、「治國」讓你人生圓滿，人人都要學　　189

(一)「治國」就是管理自己、管理他人　　189

(二)最大的傳承就是以身作則　　191

　1、引導的方法：說、教、逼、推、拉回　　191

　2、做治國得有平天下的態度　　192

　3、學習落實管理別人也管理自己　　193

(三)「治國」必備的成功特質　　195

(四)「治國」的步驟　　196

　1、角色－治國首部曲　　197

　2、未來－治國的第二步驟　　199

3、目的－治國的第三步驟　　　　　201

　　　4、要求－治國的第四步驟　　　　　203

　　　5、練習做做看　　　　　　　　　　206

　　　(1)管理自己　　　　　　　　　　　206

　　　(2) 管理別人　　　　　　　　　　　211

　(五)結語　　　　　　　　　　　　　　　217

第陸章、影響我們的人生功課就是「貪」222

　一、「貪」怎麼說　　　　　　　　　　　　222

　(一)貪不貪，自己反省才知道　　　　　　　222

　(二)得到後捨得付出，視為不貪　　　　　　223

　(三)如何面對貪的學習　　　　　　　　　　226

　　1、明白得到及付出的做法　　　　　　　226

　　2、什麼可以貪　　　　　　　　　　　　228

　　(1)什麼都可以貪－看人生階段，也看角色　229

　　(2)沒有的可以貪－讓我們學習滿足而放下　230

　　(3)我們這一生都在接受貪念的考驗　　　　231

　　(4)什麼貪不了－「不是你的」貪不了、　　232
　　　「自己」貪不了

二、般若波羅蜜多心經解說　　　　　　　　236
　(一)學習佛法必學且必備的經文　　　　　237
　(二)通靈代口說心經　　　　　　　　　　239
　　1、「觀自在菩薩。行深般若波羅蜜多時。　240
　　　　照見五蘊皆空。度一切苦厄」
　　(1)學習智慧先要學習反省及面對自己　　240
　　(2)堅持學習，以得大智慧　　　　　　　241
　　(3)做到沒感覺，以打開智慧大門　　　　242
　　　①)放下及感恩的大智慧　　　　　　　242
　　　②感恩是不貳過　　　　　　　　　　243
　　　③面對自己的感覺　　　　　　　　　244
　　2、「舍利子！色不異空，空不異色，色即是空　246
　　　　，空即是色，受想行識亦復如是」
　　(1)做角色沒感覺並反覆思量如何做到好　246
　　(2)五倫關係讓我們得圓滿而放下　　　　247
　　3、「舍利子，是諸法空相，不生不滅，不垢不　249
　　　　淨，不增不減」

4、「是故空中無色無受想行識，無眼耳鼻舌身意，無色聲香味觸法」　　251

5、「無眼界乃至無意識界，無無明亦無無明盡，乃至無老死亦無老死盡。無苦集滅道。無智亦無得，以無所得故」　　251

6、「菩提薩埵，依般若波羅蜜多故，心無罣礙，無罣礙故，無有恐怖，遠離顛倒夢想，究竟涅槃」　　253

7、三世諸佛，依般若波羅多故，得阿耨多羅三藐三菩提　　254

8、末段－稱頌與讚嘆　　254

三、結語　　255

第壹章、療癒之後的圓滿人生

一、天盤轉為「魔當道」，這下該如何是好？

在感應2024年度運勢之際，得知天盤將轉為「魔當道」，當下感到如芒刺在背般地惶恐難安，但隨即轉念一想，這不就是當前的社會現象，更是人與人互動交流處處可見的潛規則嗎？自私，不見真心誠意，只有虛情假意；誰會說好聽話，誰就是贏家；有事鍾無艷，無事夏春秋地尋找利用與被利用的價值。話說回來，這個「魔當道」似乎在這二年越發顯而易見了。

如何解讀「魔當道」？其實彌勒佛祖及太上老君早已不時的藉由各種機緣讓我感應並且分辨，究其原因無非是希望我無須害怕而應該學習與之共存。首先藉由線上分享課程(註：可搜尋歡喜八方線上課程)讓我們分辨什麼是魔？什麼是佛？即所謂正道及非正道。

佛祖們在四年前透過線上分享課程，傳達正道與非正道都在做天道的觀念，二者之間的差別僅在於天道八字－敬、善、禮、義、忠、信、慈、智的做法；非正道不做第七個字「慈」，也就是不做替人著想及慈悲心的練習，想

得全是自己，只有利己。在此同時也讓我們透過職場學習利己，在職場替自己的付出求取最大利益，並清楚的告訴我們職場就是魔場，家庭才是道場；讓我們在職場學習成魔，在道場成佛，學習分辨利己與利他的智慧。有句俗話說：要成佛必須先成魔。這句話的意思是我們必須知己知彼，才能百戰百勝？或是人心難測好比是魔的化身，變化無窮又難以掌握？或是不論修行或者學習都有著高低起伏、好壞錯落的過程？我不確定，不過我能確定眾人欺騙老天爺就像「外甥食阿舅，親像食豆腐」（台灣俚語）那樣的簡單。

自從得知現下正是「魔當道」後，便不斷地尋找更加適當的解釋及佛道與魔道的做法，畢竟「魔當道」的天盤還會持續好多年；此外，太上老君為了讓我更能沉著地面對「魔當道」的天盤，便要求我仔細研讀道德經。是的，我很聽話，讀了，但看不懂，僅得到簡略的總結：以多元立場思考，既無對錯之分，亦不見好壞，全是在學習讓內心更為寬大；至於如何才能將其運用於真實生活中，我尚在摸索，猶未悟道。不過，或許無須急著悟透，人心與人性將會引領你慢慢明白，逐漸悟道。

二、成佛得自在，成魔卻是身不由己

在2024年批改學生考卷時感應到一句話，我覺得很有意思。成佛得自在，行的卻是約束；魔要的是自由自在，最終卻是身不由己。

成佛得自在，行的卻是約束，這句話極易理解，難道不是嗎？人們無論在成佛、成道，或在信仰上帝永生的過程中，首先都得約束自身的言行舉止，不斷地學習，透過上教堂、練功、讀經，發心的練習直到習慣，直到成為生活的一部分及生命的核心（中心思想），唯有自我約束，身體力行才能做到。成魔要的不外乎唯我獨尊、自由自在，但最終的結果卻是身不由己。身不由己！好可怕的人生。

如果成魔與否是以身不由己為衡量的依據，那麼很多人都曾有過身不由己的經驗，難不成都入魔了？不妨反思，你是否曾經身不由己呢？有人問，當父母親算不算身不由己？非也，父母都得先自我約束，身不由己只是過程。那自由創業者是不是身不由己？若說自由創業者要成功立業必先自我約束，努力學習如何當老闆，約束自己的脾氣才能和氣生財，賺得五斗米。如何分辨身不由己與自由自

在呢？簡單來說，你的身不由己及自由自在如果是為了別人，那就是正道，走向成佛的過程；如果你的自由自在是為了自己，與他人無關，那便是非正道，走向成魔的過程。現在流行的躺平是不是身不由己呢？是也，這自由自在僅是為了自己的想要，躺平只想著眼前，不想未來，不想未來是否有人養、有沒有錢可花、有無福報？又或者五倫關係都圓滿了嗎？有沒有人怨他的躺平？他真的自由自在且無愧於心嗎？話說如此，躺平此刻卻大行其道……。

　　現今還有一個說法，正是「我不想為難自己」，那麼這也是成魔的路程？倒也未必，得看三觀是否符合正道？那三觀？「世界觀、人生觀、價值觀」，三觀符合正道之人皆是為了他人；三觀背離正道之人，全是為了自己。何謂三觀符合正道，舉例來說，「世界觀」係指你是否具備廣博的知識，不僅對於新知的認識，也包含愛好學習及愛人；「人生觀」意即熱愛生命與否，不只愛自己，也愛別人；「價值觀」則是結合傳統與現代的是非判斷或選擇。何謂傳統呢？即是亙古以來人與人的關係模式；又何為結合傳統與現代？就是既能維持傳統又能符合現代社會變遷的人際關係。比如，過去的子女大都與父母同住，現在的

人則多半不願與父母同住,如此一來,該如何同時兼顧孝順、照顧父母及經營自己的小家庭呢?於是便住在父母家附近。過去,子女為何與父母同住呢?除了照顧父母外,便是農業社會使然,得靠全家人通力合作、共同務農。而今已是工商業社會,假使無須務農,便不再與父母同住,但照顧父母的責任依然得想方設法做到。如果三觀符合正道,那便可以不為難自己,因為他的態度中已有了利他;反之,三觀已背離正道,卻說不想為難自己,那就是打著幌子,誤導大家了。

☆自我反思一下

你最想要的自由自在？

你最害怕的約束行為？

你認為你是成佛的道路上，還是成魔的奔赴中？

三、靈魂療癒得放下，放下即圓滿？

　　2024年是「九紫離火運」，一切符合離火元素的萬物類相，全應運而發，迎來源源不斷的好運氣。其中與我們相關的身心靈產業更是超級藍海，彷彿每個人都在學習身心靈課程，每個人的身心靈都需要療癒。

　　療癒是相當好的。在我們經過累世輪迴及靈魂歷劫之後，那有靈魂不受傷的呢！正所謂人在江湖飄，那個不挨刀。當身心靈失去平衡，外表看似光鮮亮麗的人，實則內心焦慮、憂鬱、暴躁，隱藏於內的心理及精神問題一觸即發，與人交流互動極易擦槍走火，可能只是一個無意間的眼神或言語措辭的失誤便會引爆炸彈；倘若長期處於此種狀態，便需要接受療癒，於是，給予人們精神指引的身心靈療癒行業應運而生、蔚然成風了，例如療癒師、心理諮商師、算命師、催眠師，甚至加入身心靈團體或宗教法門以尋求精神力量的支持。

　　身心靈即道家所說的精、氣、神，唯有身體、情緒、精神處於平衡，才能真正達到穩定而健康的狀態。我們自小便開始學習國文、英文、數學，且一向以學科的學習為

主,但是關於身心健康之道的課題卻是少之又少,無形中讓我們漸漸忽略心靈保養。現今已有越來越多醫生投入情緒因子對身體疾病的研究,以及透過腦神經科學證明禪修與冥想的重要性。心理學的經典理論「周哈里窗」(英語:Johari Window)便是藉由自我認知與他人對自己的認知間存在之差異,發展出四個範疇(開放我、盲目我、隱藏我、未知我等四個區塊),主要目的就是透過不同角度來認識自己與他人眼中的自己,以增進自我了解,進而開發自己與他人都不認識的區塊,即潛意識,藉此發現自我生命的本質,為自己開啟一扇窗。

　　身心靈課程的種類五花八門,除了大家耳熟能詳的瑜珈、冥想,尚有以看盤為主的人類圖、星盤、瑪雅曆或是進階版極具神秘的能量、靈氣、徒手療癒,以及自然媒材為主的礦石、精油、園藝療癒等等……途徑多元、族繁不及備載。這些身心靈課程的方式雖有不同,但其目的殊途同歸,都在引領你我找回內在的平靜,幫助我們更了解自己的內在,以達到情緒的平和。

　　但是,但是,但是當身心靈達到情緒平和之後呢?

四、療癒之後，靈魂何去何從？

彌勒佛祖示

靈魂千百又萬年　歷劫承擔來成長　怎麼可能不受傷
前世性格又固執　吃苦受累做功課　怎麼可能不受傷
今生想要又沒有　角色不知如何做　怎麼可能不受傷
輪迴之苦傷又痛　一次一次又一次　怎麼可能不受傷
想想八歲無記憶　十五之後無能力　二十之後努力做
三十而立做不到　四十之後人生短　五十後悔沒時間
此時發現已受傷　追溯過往來療傷　療傷之時真開懷
看到自己來珍惜　療傷之時學放下　不足不是己造成
療傷之時很安心　靈魂得到來諒解　療傷之後是療癒
療癒之後真開懷　開懷想要來助人　助人何事不知道
持續療傷安靈魂

（一）傷痕累累的靈魂，你我的過程

　　彌勒佛祖說，靈魂的修行有幾千幾百萬年，而靈魂每次在接受進階考驗時都會受傷，例如沙悟淨原是捲簾大將軍，因為打破琉璃盞而入流沙河接受萬劍穿心之苦，經觀音佛祖度化後，才跟隨唐僧西天取經，這樣的過程也是傷

痕累累，白蛇為了替許仙生下凡間的孩子，不惜與法海大戰三天三夜，終被關押在雷峰塔之下，日日以淚洗面，這也是傷痕累累；電視劇常見的上升飛仙或下界歷劫戲碼皆須遭受雷劈、過火海之酷刑，靈魂不也是傷痕累累，凡此種種雖是神話故事，卻極有可能都是你我靈魂的過程。

我們之所以無法脫離涅盤，不斷地死了再來，一次又一次的輪迴，都是我們放不下又固執的性格所造成的。大家應該都聽過陳世美拋下妻子、貪圖富貴的故事吧？這樣薄情負心漢的民間傳說故事，也是傷痛女人的心；而歷史故事中民族大英雄岳飛，為了忠孝節義，竟遭宋帝賜死，相信也是苦到不想再次投胎轉世吧！

(二)靈魂受苦就是為了改變進而提升

每個靈魂來到紅塵人世間就是要學習改變，很奇妙的是老天爺讓你受苦，卻要你在來世前喝下孟婆湯，不記得一切；只因為當你重新再來，祂就要看你會不會再犯同樣的錯，是不是慣犯，其目的無非就是要你反思自身的問題，並改變自己。

其實無須談前世，就說今生吧！還記得一歲時用小手摸自己的排泄物嗎？還記得二歲時看到爸爸抱著媽媽，你用力將爸爸的手推開嗎？又或你記得三歲時看到爸爸打媽媽，你躲在角落假裝沒看見嗎？你記得四歲時，在教室跌倒，牙齒倒插到牙齦嗎？你記得第一次說謊或偷東西嗎？不記得吧！只要再也不重覆，誰想記得這些不開心的事，誰會一直說著自己過去多麼淘氣，如何招老師討厭？誰又會一直告訴他人，自己曾經被暗戀的女生羞辱過？誰也不會說出自己的痛與苦，這就是人性，誰也不願意比別人不好。

人們總是在追求成就，爭取各方面的成就並表現給世人看，想得到他人肯定，而想要這樣的結果，唯一且不變的方法就是改變自己。

(三)靈魂療癒之後，告別過去，勇敢向前

當我們有記憶時，應該是八歲，為何是八歲呢？因為上學了，進入正規的學習階段，學校、家庭不斷地傳達並教導道理與是非，不斷地修正我們的言行舉止，反覆地說、教，直到我們改變。

十五歲時，有了自己的主張並逐漸發展出自我人格，這時期所有的感覺全被放大，誰也對不起他，看誰也不順眼，心中的傷可能比自己吃下的米飯還多呢！然而，此時卻是我們生平第一次感受到除了自小學習的道理是非之外還有人性學習的課題；人有善也有惡，這個時期正為我們學習待人處世的能力奠定重要基礎。

　　從二十歲、三十歲、四十歲……一直到老去、死去，每個人的角色總免不了轉變與轉換，學習各個人生階段的經營能力也必不可免；不是有句話「活到老、學到老」，學習之後再改變。如此看來，老天爺似乎未曾給予我們時間療癒，而是讓我們馬不停蹄地學習，讓我們忘記過去，不斷地勇敢向前。

　　我們之所以想療癒，是因為太累，想休息片刻；是因為太痛，得轉移注意力；是因為太苦，必須聽好聽話，轉換負能量。回到人性上的需求，這都是應該的，但然後呢？你的病好了，還要住在醫院嗎？你生完孩子後，不必工作賺錢養家嗎？你不用回報父母的恩情嗎？你同先生吵完

架，便不用為他煮飯與他相處了嗎？該做的功課一件也跑不了的！

　　療癒是不錯的方法，因為過不去的坎能過去了，但療癒放下之後，你就得回到人生應該有的路程，繼續前行。

五、紅塵學習來過關，靈魂升級真圓滿

> 觀音佛祖示
> 眾人都想來療傷　療傷之後安靈魂　靈魂不是來安心
> 靈魂要求來上升　上升之途要過關　紅塵情財要過關
> 關過是要來圓滿　過關是要來學習　紅塵就是來學習

(一)靈魂不再原地踏步

　　觀音佛祖說，輪迴讓我們世世受傷，害怕極了，誰都不想再來紅塵，都覺得紅塵真苦呀。人人各有各的苦，誰也說不清，其實紅塵的輪迴就是讓我們學習靈魂升級的過程，你不去面對，只想安慰靈魂，只會讓靈魂原地踏步。如何能知道你的靈魂是否原地踏步？看看自己的情是否圓滿，看看自己的財是否圓滿？什麼是情圓滿，就是友情、親情及愛情得到滿足而放下；什麼是財圓滿，即是不造成他人的負擔，生活有計畫、有打算，平安過生活。而在這二個圓滿之間有一個極重要的關鍵，那便是「貪」，你想要多少？你又能要多少？悟到了，你的情財就圓滿了。

　　有人問：那我可不可以透過療癒來幫助自己財圓滿呢？

觀音佛祖說道：可以，就是一個行業，任何一個行業都能幫助你財圓滿，只要不違心、不犯法，都可以做。不過，要設底限，也要設目標，如果賺不到錢，就得反思專業、市場脈絡、包裝、行銷……等等。有時也可能不適合，或者時候未到。

有人又問：可我沒有想透過療癒賺錢，只是想幫助別人更認識自己。

觀音佛祖回道：那太好了，真的有很多靈魂受傷了，但這樣你的財是無法圓滿的，還會造成他人負擔，怎麼辦呢？

這時又回應：觀音師父，我可以把物欲降到最低，生活開銷不過吃而已，開銷不大，很少的。

觀音佛祖問：那你的家人呢？

再次回應：他們都很支持我，只要我開心就行了。

觀音佛祖回道：我們來輪迴只是讓自己開心就好了嗎？所謂圓滿是你開心，我開心，大家都開心。

(二)五倫關係助你圓滿成

> 四面佛祖示
> 圓滿人生　人生圓滿　談何容易　並非一人

> 關聖帝君示
> 五倫關係累世成　有恩有怨都要還　如此今生來相遇
> 都是要來關係圓

　　四面佛祖及關聖帝君說，圓滿人生不只是自己一個人圓滿就行了，而是五倫關係得圓滿；因為所有的五倫關係，都是我們累世的緣分。想必聽過夫妻相欠債吧？有人問過我的孩子是來討債還是報恩吧？看過啃老族吧？常聽到兄弟姐妹為了財產糾紛而告上法院吧？在職場不是碰到一直找麻煩的主管，就是抓不住重點的主管吧？有聽過父母逼女兒下海還債的故事吧？不過，中了樂透彩券獎或者同學、親友間堪稱人生勝利組也是大有人在令人羨慕不已啊！

　　每個人命運的不同，有好有壞，都是累世造就而成，為什麼你好我不好？這些都是過去結的緣分，都得在每世堅持不懈地努力面對並善了，善緣善了，惡緣善了，竭力

圓滿人生才是唯一良策，畢竟因果循環誰也改變不了。

(三)靈魂紅塵來重生，放下就重生

> 母娘師父示
>
> 紅塵靈魂來重生　重生目地學智慧　放下也是好智慧
> 無求也是好智慧　何是智慧非靈魂　而是輪迴不再現
> 如何可以不再現　問心無愧來審判　不是你的無愧心
> 而是他人無怨言

　　母娘師父說，每一次的輪迴皆是重生的機會，為什麼讓你們喝下忘魂湯，就是不讓你們記得，不記得不就少了感覺，便不會對某個人感到特別的情分，那麼只要將角色做好就可以了。好比一位母親生了一對兒女，一個是來還債，一個是來報恩，如果這位母親知道了，會不會對兒女不公平呢？我希望大家都能以「放下」的態度去面對周遭的緣分，這樣才能重啟重生。「放下」包含三個步驟：一是提昇自己，二是換空間，三是感恩，感恩就是不貳過。佛祖們都希望你們能忘掉過去的傷痛，並且不斷透過各種的方式或管道讓你們放下；雖然三千個法門有八千種說法，但眾多說法皆有一致的目地，就是不想你們再次感到傷痛。

提昇自己就是不斷學習，不停地改變自己，隨著人生階段及角色變動，持續學習並改變。換空間就是心境或者空間的轉換，那個有效果，就用那個，有時是心境、有時是空間，交換著使用，自然就能轉移傷痛。感恩則是不貳過，反思自己曾經的過錯，不要再犯同樣的錯誤。

(四)啟動圓滿人生的密碼：放下三步驟

「放下」的三個步驟，只要能做到，便足以啟動並走向圓滿的人生。

一個女人離婚一次，可能是男人的問題，一個女人離婚二次可能是雙方的問題，一個女人離婚三次就是自己沒有發現問題；倘若她能運用「放下」三步驟，便足以在情感重生。

首先她得不斷地學習，學習如何做女人的角色，在婚姻關係中如何平衡每一個角色，學習如何做個稱職的妻子

，修正自身的性格；也就是不斷地學習，不斷地提昇自己。其次，她須不停轉換心境或者變換空間，有時扮演小女生，對先生撒撒嬌；有時扮演大樹，只給乘涼而不支聲；或許扮演小丑，逗樂全家人，當然也可以獨自出門來趟小旅行。最後則是感恩，也就是不貳過。這裡所說的感恩，非指對家人的感恩，而是感恩老天爺的安排，讓你有機緣學習，而不再犯同樣的錯誤。例如在第一次離婚時，你最常犯的錯誤就是二十四小時奪命連環扣及大聲指責對方的錯誤，那麼在第二次婚姻中就要改掉這個毛病，畢竟無風不起浪，事出必有因，你會二十四小時奪命連環扣及大聲指責對方必定有原因，你仍得找出原因；可能是男人有外遇或年輕氣盛，愛在外遊玩。第一次離婚都是別人的問題，所以當你遇到第二次婚姻對象時，就應讓對方知道自己有這些問題，一起找方法解決。一定是解決了，才會進入第二次婚姻；那麼在第二次婚姻中就不再犯同樣的錯誤，並且感恩老天爺讓你碰到與你一起面對並解決問題的人。

　　第二次離婚，是雙方都有問題，那麼就來想想自己有何問題，至於對方就不想了，都分開了，何必檢討他，他

與你的未來有何干係，就跳過吧！看自己的問題即可：或許是對情感缺乏安全感，可能是自身生活習慣不佳，也許是不會煮飯、操持家務，營造不出家的氛圍，或者是不會說好聽話，不會討長輩歡心，可能常臭著臉⋯⋯等等；找到問題，改變，不要再犯同樣的錯誤。

第三次婚姻，感恩老天爺讓你有機會再次與人結緣，而不再犯過去的錯誤，你就會有一個圓滿的情感人生。

當然，如果你想在第一次的婚姻就有圓滿的情感人生，那麼就要在每一天都做到「放下」三步驟。

母娘師父說，放下是個好智慧，落實運用到生活中，不僅讓你極具智慧，還能對身邊周遭的人有著潛移默化的影響。

請反思以下關係是否圓滿

父親關係

1. 每個月都有孝親費？☐是☐否
2. 多久陪伴父親吃飯？☐3～5天/週☐二週一次
   ☐一個月一次☐不定期☐過年
3. 例舉五樣父親最喜歡的食物

---

4. 知道什麼是報喜不報憂？

---

5. 你知道什麼是父親對你的期待嗎？

---

6. 你知道什麼是父親對你最放不下的事嗎？

---

7. 你覺得你是你父親的驕傲嗎？

---

8. 你覺得最讓你父親對你的失望是什麼事？

母親關係

1. 每個月都有孝親費？□是□否
2. 多久陪伴母親吃飯□3〜5天/週□二週一次□一個月一次□不定期□過年
3. 例舉五樣母親最喜歡的食物

------

4. 你知道什麼是母親對你的期待嗎？

------

5. 你知道什麼是母親對你最放不下的事嗎？

------

6. 你覺得你是你母親的驕傲嗎？

------

7. 你覺得最讓你母親對你的失望是什麼事？

夫妻關係

1. 夫妻一起吃飯：□3～5天/週□一週一次□一個月一次□不定期□過年

2. 夫妻同床：□同床□不同床但同房□不同床不同住

3. 夫妻一起的活動，以每個月計算：□二人相約一起去逛逛或家族的活動（每週至少一次）□雙方的朋友都相互認識□二人單獨旅遊

4. 對家務分擔覺得合理？□雖不滿意但可以接受□不合理□一家人不計較，誰有空誰做

5. 吵架次數：□大小事都會吵□一週一次以上□每月一次以下□沒什麼好吵的，都是冷戰□很少吵架

6. 夫妻財產是否透明？□各人管各人□相互不干涉，但知道家庭財產□共同管理

7. 手機等通訊工具可以公開？□想看就看沒有秘密□相互尊重，都不可以看

8. 你覺得你的先生/太太對你和言悅色嗎？□可以接受□都是好好說話，但沒有習慣說好聽話□還有進步的空間□沒有

9. 你覺得你的先生/太太對你尊重和信任嗎？□彼此會關心有沒有吃飯□會關照彼此的身體健康□行程都相互了解□覺得在婚姻當中雖有牽絆，但是是自由自由的□會相互訴說生活瑣事□和原生家庭互動良好
10. 你覺得自己幸福嗎？□幸福□雖不滿意但可以接受□不幸福，請反思原因

子女關係

1. 和子女一起吃飯：☐3～5天/週 ☐一週一次
   ☐一個月一次 ☐不定期 ☐過年
2. 和子女一起的活動（可複選）
   ☐和子女相約一起去逛逛 ☐子女的好朋友都認識
   ☐無話不談 ☐會和子女一起商量未來人生計劃
   ☐子女出門在外都會報平安 ☐子女會一同參加家族活動
   ☐子女會記得生日並時常送禮物
   ☐對於未來結婚生子沒有拒絕
   ☐子女會協助家庭工作 ☐子女從不和父母頂嘴

以上自我反思是以自己當下的感受，我們要做的是活在當下，改變未來

第貳章、每一個人的天命

為什麼有天命?
說天命,不如說天命是我們下人界的人生功課!

一、是夢還是現實

　　我在高中時做了一個夢,夢中有團黑影追著我跑,將我壓在床上,我害怕極了,不斷大叫卻無法發出任何聲音,於是我使盡全力將黑影推開,用力起身便急忙地往媽媽房間跑去。到了媽媽的房間,我上氣不接下氣地告訴媽媽;我們家鬧鬼了!媽媽斥責我胡說,但我還是不敢再回房間,媽媽於是讓我留下與她同睡,但一覺醒來卻發現我睡在自己的床上。這雖然是一個夢,但卻很真實。為什麼呢?因為我的肚子很疼,而且還可看到紅色的痕跡。

　　我和妹妹共用一個房間,她睡下舖,我睡上舖。上下舖的床尾有一個木梯,不過,我平時上下床並不會爬木梯,而是踩著書桌上床。在夢裡,我用力將黑影推開,掙扎下床時,踩空了一階木梯後便失去平衡,整個人便直接趴

摔到地板上，肚皮著地，真是非常疼啊。有過跳水經驗的人就知道，如果跳水時沒能掌握好入水的角度，ㄆㄚ的一聲下水，也是極疼的。這個夢讓我記憶深刻的就是身體十分疼痛，而醒來時卻在自己的床上，彷彿什麼也未發生過。我回想了一下，可能是我睡著睡著又回到自己的床上吧！於是便跑去問媽媽：昨晚半夜我有找妳嗎？媽媽說「沒有」，我只好將夢境說了出來，還讓她看我紅蔭子的肚皮，果然媽媽認為我胡言亂語。

　　我的父親是個極為正直的人，或許他不知道如何教導我們何謂「正直」，因而總是告訴我們「不做虧心事，半夜不怕鬼敲門」，我當然不太明白何謂虧心事，但是我知道只要沒做壞事就不用怕鬼。所以我「以前」不怕鬼，敢走黑路，敢玩錢仙，敢說鬼故事，敢看靈異電視劇，也自認鬼不會找上我。小時候以為虧心事就是占人便宜，貪人錢財，因為總是聽到大人說家父是公務員從不貪污，不收禮物、不收錢，為人正直。因此我的功課好不好？有沒有打架？會不會翹課？說個小謊……等等，這些孩子們會犯的錯皆與正直無關，反正我沒有偷錢，也不會占便宜，以大欺小，所以從來不覺得虧心事與我有何關係！

雖然做了被鬼追的夢，我也不覺得害怕，爸爸不是告訴我們「不做虧心事，半夜不怕鬼敲門」嗎？而且爸爸晚上都會來房間看看我們，爸爸會保護我，爸爸是正直的人，有爸爸在，我不怕！我想媽媽應該有告訴爸爸，所以爸爸每天在12點左右都會到房間看看我們睡著了嗎？我每天大約在11點上床，之後就躲在被窩裡看小說或者漫畫，因為我在上舖，只要將小說、漫畫放在靠牆的那一邊，側著身，爸爸並不高，不會被他發現的。一聽到開門的聲音，我便立刻關上手電筒，等門關上後再打開手電筒，繼續看小說。就這樣，爸爸的巡房關心，讓我每天都能安心睡好。爸爸因為工作的關係，一天在家，一天不在家，所以他若是來巡房，應該會是相隔一日，可是我只要過12點沒睡著，都會聽到有人來開房門。於是我就問了媽媽：你晚上有沒有開我的房門？其實我知道媽媽天天得早起，所以必須早睡，睡著了後，她不太可能會再起床。看到媽媽一臉茫然地回著「沒有……」，我不禁感到納悶「那麼……是誰每天來開門呢？」

其實媽媽記得鬼追我的那個夢，可能她也感受到些什麼，所以當我問她半夜有來巡房關心我們嗎？雖然她當下

並未讓我察覺到任何情緒反應，但沒過幾天，當我放學回到家時，她告訴我：不用擔心，那是家裡的祖先來看你。原來她找了一位老師來家裡看了看，順道也看看我們每一個小孩的未來。

二、語出驚人的算命師

　　我是家中最不才的小孩。姐姐從小就是多才多藝、貌美膚白的校花，大哥從小是全校的模範生，家裡的獎狀都是他領來的，他就是沒得到第一名便不敢進家門的榮譽生。小哥雖然功課未能達到父母的要求，但也是受到全校及全家族關注調皮搗蛋的惡魔。他是個怪卡，一下子全班前5名，一會兒又是最後一名，每天都被老師、父母追打，不久又如奇蹟般地受到稱讚的小孩。

　　三個兄姐，從小各有特色，而我和妹妹一直都不是父母親重視的孩子。我和妹妹是雙胞胎，不知是那個缺乏文化的親友告訴家母，雙胞胎的智力是一般人的一半，所以父母親從不在功課上要求我們，不過我倆的功課也確實不出色，再加上雙胞胎早產的關係，從小又瘦又黑又愛哭，似乎只要平安長大就行了。大約十歲左右，我和妹妹的功課一直都排在班級的中間名次，與哥哥姐姐們相比，似乎證實了雙胞胎的智力只有一半的說法。於是媽媽為了替我倆找一個活路，便逼著我們學鋼琴。媽媽看著隔壁教授鋼琴的老師，賺很多錢，學生從早到晚，進進出出，甚至忙

到沒時間吃飯；原本只是租一間小雅房，沒多久就買房子了。所以媽媽想著我和妹妹既然讀不了書，那就學音樂吧！這不也是條出路。妹妹乖巧又聽話，時間到了就去練琴，既認真又嚴謹，總是將媽媽的話當成聖旨，唯命是從，讓人看了就討厭，惹得我莫名地想叛逆，更可恨的是她甚至替媽媽監視我，打小報告，而她的多管閒事讓我受到的歧視、污辱和挨打，都沒少過；在這樣的學習環境下成長，我就是先天不良又後天失調，眾人都瞧不上眼的廢材。

這樣一位不才的孩子，卻出人意外的讓算命大師在看了戶口名簿後，語意深長地對家母說，以後你們家就靠這個人～就是我。他不說還好，一說了，媽媽反而懷疑他到底是不是專業玄學老師了。但要說他不準？從此我確實再也不曾聽到爸爸開門巡房的聲音。

你有天命嗎？回想看看，從小到大是否有出人意外的人生或者說法。當然在我通靈而領有天命後，我不斷地想，怎麼會是我？

三、有天命的人生

　　還記得高中時，我和同學們玩錢仙，就是在一張紙上，拿一個拾圓硬幣，畫一個本位、一個寫上「YES」、一個寫上「NO」，三位同學一起將食指輕放在拾圓硬幣上，接著向錢仙提問，硬幣便開始移動，硬幣停留的位置就是錢仙給的答案。這個遊戲是禁止的，都得私下偷偷進行，學生的問題不外乎有沒有人喜歡我？世界末日會不會降臨？能不能考上大學？誰討不討厭我？幾歲會結婚？讀那一所大學？我書讀得不好，也不想讀書，於是就問一些很無聊的問題。有一位同學問「會不會考上大學」，錢仙回答「NO」，另一個同學也問，還是「NO」，我們就換了一個問題「會不會讀大學」，答案是「NO」，我們又問「有沒有大學的文憑」？答案竟然是「YES」。這個邏輯真是奇怪，考不上大學，也不會讀大學，卻有大學文憑，當下我們都覺得這個錢仙非常不準，鐵定是假的。直到換我問「會不會讀大學」時，拾圓錢幣一下到「YES」、一下又到「NO」停留，跑來跑去，一直沒在固定的地方定位，於是我又問「會不會讀研究所」，錢幣停在「YES」的位置就

再也不動了。但我是個每學年都在擔心是否會留級的人，連大學都不想讀，怎麼可能讀研究所呢？當下便決定不再玩錢仙了，太不準了吧！可是，現在的我確實在準備考研究所。當你有天命時，你的人生從來都不是自己可以想像、安排及計劃的。

四、我要修－進入天命的過程

先天不良又後天失調的我，因為知道自己不才，進入社會後特別努力。除了努力，當然也會借助神仙、算命的指點；只要去神仙廟，廟祝就會告訴我「要修」；只要碰到算命師，他就會告訴我是大起大落的人，不好說呢！就這樣，說了我也不記得，不記得但還真愛聽，其中讓我唯一記住的便是「你要修」！

「你要修！」相信很多人都聽過，或者時常受到這樣的告誡。我聽過無數次的「你要修」，早已不太想聽到了，因為我認為「要修」就是得在菩薩前下跪、唸經、持咒等等，奉持各種戒律，而我是個喜歡吃、喝、玩、樂，周遊這個花花世界的人，怎麼可能願意去廟裡下跪、唸經、持咒呢！但是隨著年紀漸漸增長，經歷職場的種種不順遂、感情的挫折……等等，「我要修」的念頭又在腦海中迴盪不已，就這樣我開始尋找足以令我臣服的解答。

於是，我開始接觸宗教、通靈等玄學，進入天命「我要修」的過程。我相信很多人和我一樣，也是從「要修」開始，但「要修」就一定有天命嗎？我認識很多「要修

」的人，每個人的天命都有所不同。

有一位老先生，今年應該八十多歲了，他原是高雄的裁縫師父，在五十歲時突然通靈，時常被逼著上山打坐。他說有時上山打坐，一連七天不吃不喝，偶爾有蛇從身上爬過，他也不會感到驚恐，因為天命的工作就是消災解厄。另一位今年應該六十歲了，算算他做天命的時間已逾三十年，原先從事房地產公司企劃工作，是個為人老實的好好先生。他說一開始時常昏睡且感到疲憊乏力，心想應是過度加班造成精神不濟，也就不以為意，但到後來卻是一早剛起床就已昏昏欲睡，甚至出過好多次車禍。原本是位從事美工設計的白領階級，後來得常在半夜起床打坐做功課，據說，在他打坐時會有神仙來教授術法，他的天命工作也是消災解厄。還有一位女老師，聽說是台大畢業的，本來從事貿易工作，我認識她時，她已經在開壇了。當她知道自己「有天命」時，心裡十分排斥，甚至跑到國外不肯回台灣，可是她的公司生意一落千丈，債臺高築，只好回到臺灣接下開壇的工作，不出五年，已還清債務，甚至買了二間房子。她的天命工作也是消災解厄。

有一位的天命工作最為特別，他本是老板，也是接了

天命後受到極多干擾。聽他說神神鬼鬼輪番找上門，公司只得收了不做，每天只能教人打坐學氣功，收留被遺棄的神像，所以他家的客廳及陽台堆滿了神像，連個走路的地方都不剩。

最為傳奇是原本從事金融業的專家，每天來去的金額全是用億計算的，娶了二個老婆，好不風光啊！他也算是半個江湖人，後來因為違反銀行法及公司法而入獄八個月，出獄之後繼續打著未完的官司並開始走上「要修」的路程；但只要心中有他念、放不下紅塵事，便頻頻被傳喚出庭，一審合併判了八年，他終究也是想通了，開了宮廟，當了宮主。最神奇的就是他的官司，不是原告未出庭，就是主審法官換人，到現在仍舊未有結果。我告訴他，神明現在給他時間讓他做功德，幫助他大事化小、小事化無。

每個「要修」的人，有天命的人，上天皆會為你安排學習的過程；每位有天命的人，從小到大絕對聽過連自己都不信的不凡說法；每個有天命的人，肯定經歷過人生難以承受的痛；凡是有天命的人勢必清楚其天命工作之職務內容。

我的天命的職務內容是「帶領靈魂回到該有的歸程」

貳：每一個人的天命　53

；但是，為何彌勒佛祖卻說人人有天命……？

五、人人有天命

> 彌勒佛祖示
>
> 人人有天命　個個是佛祖　天命要回天　功課都一樣
> 如果說道理　天命做不了　如果做道理　修身是第一
> 天命要做好　先把天道明　天道做得好　天命即做成
> 祝我八方人　人人有天命　未來佛祖見　靈魂天命成

　　佛祖說，每個人都有天命，而這個天命就是要回天，正如你們常說的要回到西方極樂世界；而回到西方極樂世界就是每一個人的天命，也就是脫離涅盤、不再輪迴，遠離生、老、病、死回到那個永生的世界。但是，該如何做才能回去呢？各路神仙、神靈皆在協助眾靈做這件事，全在幫眾靈找方法，因而透過不同方式傳達眾多方法，有的是讓你們不再「貪求」這個花花世界；有的是讓你們學習「放下」這個花花世界；有的幫助眾靈消災解厄；有的是讓自己停下來、學習「靜」；還有不少神明、神靈用交換條件的方式讓眾靈悟到及悟道，各種方法，層出不窮，其實全是為了幫助眾靈找到「回天」的路。但是，各路神仙及神靈的好意，卻留下後遺症，當世未完成救贖的靈魂只

得延續到下一世,因而造就了所謂的「天命」。

況且這時間一長,問題就更多了。眾靈可能在輪迴的過程中就飄走了,例如犯了貪念,更喜歡享受人間的七情六慾而不願回天,索性違背了承諾,盡情的想怎樣就怎樣,於是老天爺只好將各路神仙、神靈給的「天命」改成「做好『修身、齊家、治國及平天下』」就可以回天了。

因此,現在只要做到「修身、齊家、治國及平天下」,所有的神明、神靈、佛祖都會成全並護持你完成。但是,過去因故受過神明、神靈、佛祖幫助的人,仍須額外協助祂們完成工作,例如領有令牌,或者執行令旗的人,就得代為完成;這便是所謂的欠債還債,承諾之事必須完成兌現。換句話說,你便有二份天命的工作,意即除了做好自己以外,你還得幫助神明、神靈及佛祖完成助人(靈)「回天」的工作。

六、天命有二種，你是哪一種，或二者皆是？

> 四面佛祖示
> 天命不是幫佛做　天命自己來交換　換得求生來轉世
> 不用進入惡鬼道　天命一個做自己　天命一個做交換
> 自己只因自己救　末法神靈來不及　交換全是在承諾
> 過去神靈給機會　說話算話要做到　只有多做一份工
> 上天都是來公平　你好自然自己成　你壞自然神靈助
> 莫要自身了不得　都是欠債來還債　好好做完天命事
> 分辨自己工成圓

　　四面佛祖說，天命有二種，一種是自己的天命，一種是因為欠了神靈的債而幫神靈做事，所以要還。那麼該如何分辨呢？

　　首先講述自己的天命。自己的天命，如同出生於皇家的皇帝，自幼便已明白未來得為國為民，以天下蒼生為己任；從小就須做到修身、齊家、治國及平天下，而為了做這份天命，甚至不惜殘害手足。姑且不論是以何種手段得到這份天命，但凡想要拿天命的皇子，必定自小認真勤學、飽讀聖賢書、嚴以律己、功夫了得，總之，以全方位的

角度規劃人生並且努力實踐未來。如此這般在做自己天命的人，是不需要信仰的，他只要相信自己，依照自己的命程，努力自我突破並積累自身的智慧即可。現今很多人，如同皇子一般，正為了自己的理想及生活而努力打拼著呢！

再來就是欠神靈債的人，怎麼會欠神靈債呢？這類人就得幫助神靈做事，那麼幫助神靈做什麼事呢？便是救人（靈）、幫助（靈）回到那個永生的世界。

「人」其實很無助也很渺小，雖是萬物之靈，極具智慧，卻無法對抗肉眼看不到的細菌與病毒；「人」其實很無助也很渺小，每天都在自我要求進步、尋求科技發展及文明進化，但遇到天災降臨，卻只能望天興嘆、束手無策；「人」其實很無助也很渺小，雖說團結力量大，可是傷害「人」最深的往往是「人」自己。其實說穿了，「人」所做的努力全是為了生存。然而，生存並不容易，有的人生病面臨死亡，只好求助神靈，因而欠下神靈債，來世得還債；有的人為了有口飯吃而殺人放火，卻在往生前懺悔、放下屠刀，請神靈給予一個重新投胎的機會，這也是欠下神靈債，來世得還債；有的人喜歡去廟裡向神靈求願，

神靈助你成事，這也是欠下神靈債，來世得還債。最末的這類人最多，從古至今，中國人遇事常喜歡去廟裡求願，這都得還的。照此看來，欠神靈而有天命的人該有多少？太多了吧！太多人欠下神靈的債得還，太多人有第二個天命工作要做；你分辨得出嗎？如果你從小到大有過神奇不凡的經驗，或許就有第二個天命。

七、欠債還債，開心做天命

> 太上老君示
> 天命何其多　欠債何其多　神靈都慈悲　有求必有應
> 只要有欠債　都要來償還　有的做自己　有的助神靈
> 各有好方法　只因來還債　來世一身輕　不來回西天
> 天命要臣服　自然會開心

　　太上老君的意思是所有欠神靈債的都得還，而且必須開心地做這件事，因為還了債後，你在來世的角色及轉世的環境便能擁有更佳選擇，也有可能不必再來而脫離涅盤。

　　不過，欠神靈債的人未必都得幫神靈做事。欠神靈債的人最直接的工作就是領牌，替神靈做事，例如開宮廟協助神靈替人（靈）消災解厄，幫助神靈安身接香火。此外，有一種還債是協助神靈學習，因為所有在學習的靈魂都得有肉身，而神靈並無肉身，無法學習，於是隨同在旁一起學習，以此方式還債的人也不少。最後一種還債的人最是麻煩，看似有天命，但又不十分明顯；看似有緣分，但卻無宗教信仰；看似被無形干擾，但也不見其精神錯亂。

其實，這樣的人（靈）只須做到並做好修身、齊家、治國及平天下，因為所有的靈都得學習修身、齊家、治國及平天下。神靈無肉身便學習不了，只好跟隨債主學習；如果你不學習，不做給祂看，神靈就會修理你，這時你的身體便會出現「要修」的症狀，例如背疼。

　　天命、要修全是累世欠來的，欠債還債，開開心心地完成吧！

八、天命就是我們下人界的人生功課

(一) 做好「修身、齊家、治國及平天下」

> 觀音佛祖示
>
> 紅塵是我管　天命看你做　只是你忘記　不知天命何
>
> 天命不簡單　有天也有己　做天不擔心　機緣到就有
>
> 做己很煩心　困難真是多　自己不想做　自己忘記做
>
> 自己不能做　自己事真多　天命要做好　回天大道行

　　觀音佛祖說，紅塵歸我管理，我的工作就是讓你們在紅塵得到滿足而放下，但是，在紅塵得圓滿而放下實非易事，因為你們必須不斷地接受考驗，考驗對於七情六慾的通透及是否得到滿足而放下。很多靈因為未能通過考驗而不斷地輪迴，所以老天爺便制定了一個做法，清楚地告訴你們如何完成，那便是「修身、齊家、治國及平天下」。

　　「修身、齊家、治國及平天下」是中土的傳統文化，也是聖人及熟讀聖賢書的讀書人畢身的志向，所以在封建社會，士、農、工、商的角色係以「士」為最高階層，擁有崇高的地位。請大家進一步思考，為何如此排列呢？簡

單來說，階層排列乃是依照利他能量之大小為順序，「士」是讀書人，讀書的目的便是協助國家、朝廷，讓人民過上安居樂業的生活，這是特別大的愛，特別助人、利他的智慧。各位不妨看看歷代勤政愛民的皇帝，憂國憂民的工作便能略知一二。儘管這些皇帝及讀書人只不過在做「修身、齊家、治國及平天下」，但臨老終了時，卻能受百姓愛載，在歷史長河中留下優良印記，留名千秋，功德多到無法承載，最終在靈界依然有個好果位，無須再轉世投胎，進而脫離涅盤。如今，老天爺讓每個靈都能學習做天子，行天命，凡是做好「修身、齊家、治國及平天下」之人，就是做好自己的天命，無非是期盼眾靈都能不再轉世投胎，進而脫離涅盤。

封建制度社經階層中位列第二的「農」，也是利他的大角色。農人們辛勤工作，卻僅留下足夠自家糊口的糧食，以造福眾人的生存。莫說農夫未做「修身、齊家、治國及平天下」，農夫的「修身、齊家、治國及平天下」是以身作則並殷實地配合大自然的運行，例如得早起，須自律，依循四季的變化播種及耕種，還得對抗大自然殘酷的考驗；此外，策動全家乃至全家族一同工作，權責分工、訂

立規矩，不僅自身坐言起行，更得帶領、引導他人一起做，看似一介草民，實則生存與生活大智慧家。話說回來，現在願意成為生存與生活大智慧家的人已是少之又少，因為從事農業實在太辛苦了。

封建制度社經階層中排列第三的「工」，也是利他的角色，付出多少就得到多少，付出勞力得到報酬，誰能給報酬就付出自己的勞力及時間，這是目前社會上最多人做的角色。這個角色看起來似乎做不到「修身、齊家、治國及平天下」，但只要願意做，依然能夠尋方設法以做到「修身、齊家、治國及平天下」，最重要的關鍵便是齊家的智慧。齊家就是傳承，這是目前天盤的核心，堪稱重中之重。這個角色就是學習引導他人，自己做不到，那就引導他人做到。每一位做工或領取固定薪酬的人，為著生活打拼，一點一滴地積累，不就是指望下一代不再如此辛苦，希望他們出人頭地，少受點委屈，期盼自己更有能力幫助下一代，讓他們的生活更好。封建制度社經階層的「工」是做傳承的主力人群，可惜現在的人，即使願意學習累積齊家的智慧，最終仍舊因為害怕困難而缺乏勇氣去做。

「商」則位列最末，為什麼呢？因為商人總是臭名昭

彰，無利不起早、無奸不成商、唯利是圖，盡是自私利己的名聲及形象。商的角色就是利己，也是現今人們最喜歡做的角色。不過，倘若將「商」的角色與「修身、齊家、治國及平天下」結合，便得以利他；換言之，行商若是為了回饋社會、造福人群，利人又利己，那不也是一個好角色。

　　上、農、工、商的角色係依照利他的程度大小而排列，也就是按照做功德的能力排序。雖然現在不是封建時代，但卻是人人自由平等，眾人皆可做「修身、齊家、治國及平天下」。所以，只要做到「修身、齊家、治國及平天下」，便宛若皇帝、天子，即是有天命。

(二) 做天命，得護持

　　天命真不好做，因為每個人的因果重重，累世的輪迴讓眾生（靈）害怕做人，只想脫離涅盤，不想死了再來，所以逃避不面對，轉而求助神靈。在累世中受過神靈幫助的人，也是得償還的，因而有了欠債的天命，這世必須協助神靈完成修行，即為靈魂的提昇。不過，換個角度思考，一個人做二份工作所賺的錢，必然比一份工作多，因此

很多人都有二份天命的工作。

天命有二種，一種是人人都要學習「修身、齊家、治國及平天下」，人人都是皇帝、人人都是天子，人人都得有大智慧，唯有具備大智慧的人，才是老天爺長久留在身邊的靈。另一種天命則是還債的靈，就是得替神靈工作，不論是以身作則學習傳承的做法，或是替神靈完成消災解厄的工作，抑或引導迷失的靈魂並給予祂們方向，全得心甘情願地完成。

觀音佛祖說：如果你們已經知道自己的天命為何，只要在做天命的人，我會特別紀錄並護持你們，因為我希望你們能好好地放下紅塵事。

(三)人人都要做的人生功課

「修身」就是將自己管理好，「齊家」就是將家庭管理好，「治國」就是學習找方法，「平天下」就是對抗人性並將自己教育好。

1、修身的步驟：反省、角色、約束、規矩。

2、齊家的步驟：角色、反省、關係、家規。

3、治國的步驟：角色、未來、目的、要求。

4、平天下的步驟：智慧、和善、慈悲、開心。

熟知宗教經義的人都了解彌勒佛祖是未來佛，也是下世佛，主管著靈界的天盤。因為太多的靈無法脫離涅盤，總是在三界來來去去，無法回歸永生靈魂處，所以彌勒佛祖主張大開通靈門。以前佛說不可說，現在皆可說，只要能脫離涅盤，只要能不再輪迴，眾靈各顯神通。

現今很多說法層出不窮，更有甚者提出佛祖是外星人的，古代文明不存在，一切均為外星人造就而成等等見解；這倒也無妨，無論何種說法，這個世界依然有它的規矩，就是做好自己，就是做好「修身、齊家、治國及平天下」。

第參章、修身

一、修身做得好,好運就來到

四面佛祖示

修身真的很重要	所有做法在於它	如果修身做不了
人生最大是遺憾	遺憾自己管不了	遺憾空有肉身在
少了修身靈不在	沒有前程怎麼辦	修身真的很重要
運勢全在它掌握	如果修身做不了	一生白來壞前程
未來想要做修身	心意堅定很重要	原因在於都是它
心想事成堅持它	如果修身做不好	人生最大苦難身
沒有健康身體差	想要沒有真遺憾	祝我八方都健康
心想事成真美好	只要修身做得好	元神陪伴真正好
修身如果做得好	未來好命才真好	

　　四面佛祖告訴我們修身很重要,因為想要成佛、期待見佛都須做好修身,才有可能完成心願,如果你想要準備遇見未來的佛祖就必須先做修身。修身做得好,元神就會隨同你一起學習,如果不做修身,就只剩前世因果纏繞你,便會原地踏步並不斷地犯同樣的錯誤;修身做得好,好

運會跟著你，因為修身依循著天道八字並將天道八字落實於生活中。

　　師父說做天道因果站兩旁，不見因果纏身，也無性格的干擾，好運自然在你身，那麼你便能掌握自己的人生，幫助元神完成祂的學習，所以元神也會協助你尋找機會學習，以便得到更高的智慧。但是，修身想要做得好，首要是堅持，無論在學習之際或就肉身之鍛鍊皆須堅持而不懈怠，如此才有良好的身、心、靈並俱，讓你在這一生做好修身。此外，修身除了落實天道八字，尚須學習認識自己。所有生命的行為皆依循著大自然的規律，陰陽相交、生生相息，我們在修身的過程中不僅得學習認識自己，認識自己生活的環境，更要從中學習尊敬，感恩孕育我們的大自然；切記，只要隨著定律，才能心想事成。

二、如何做修身

(一)修身的步驟：反省、角色、約束、規矩

修身共有四個步驟：

　　修身的第一步，就是要反省。反省並面對自己是否做好天道八個字及角色。

　　修身的第二步，就是角色定位。五倫關係的角色是否做好，最基本的男女角色特質是否做到。

　　修身的第三步，就是約束。約定自己須做到角色，將不對、不好的部分加以改善。

　　修身的第四步，就是規矩，即是與個人有關的生活習慣及飲食習慣。

(二)反省－修身首部曲

1、反省是修身的根本

　　修身的第一步是反省；面對自己性格不好的地方須改過。我們常覺得自己很好，沒什麼需要改進的，好比俗稱的「大頭症」；當我們有了大頭症，便不知道該反省的內容是什麼？不過，我們可以從「五倫關係」開始學習反省

。五倫關係？很多人太忙了吧？就算知道，可能早就還給國中老師了，考完試便不復記憶，隨著年紀越來越大，就覺得自己最大，什麼是五倫關係啊！不就是考試才用得到的道理及觀念。每個人憑記憶及感覺過日子，今天出門上班踩到狗屎，進到公司後你的臉就像狗便便一樣，又臭又討人厭；明天加了薪，看到主管就是爹娘，完全毫無依據，一味跟著感覺走，感覺最大。親愛的，重新拾起書本，反省一下，修身第一步就是反省，你不是在學佛？見佛祖要先學反省。五倫關係是天道八字的落實及運用，也是我們做好天道的分數。

2、反省的依據－五倫關係

　　君臣有義、父慈子孝、夫婦有別、兄友弟恭、朋友有信。這是五倫關係的做法，也是自我反省的依據；依此逐一反省，自我檢視做不好、做不足的部分。

　　我們在成長過程中總會面對不同的角色，而五倫關係中的角色是我們這一生中都會做到的。當我們處於孩提時期，總是希望父母師長，甚至同學以包容及慈善的態度相待；當我們初入社會，總是期待能有充滿智慧的前輩給予

機會學習並提攜我們，即稱貴人；當我們成家之時，心念所及必是互信互愛、分工合作，共創美滿的家庭；當我們為人父母時，無不希望子女們認真讀書、平安長大，甚至能有所成就；到我們年老時，每天最開心的不就是含飴弄孫，兒孫滿堂，老有所終。你想要人生如此順遂而心想事成嗎？

反省，在修身中既然是第一步，必定至關重要，那麼該如何做呢？完全取決於你的想要，你真的想要，由衷地想要，如此這般想要的信念與決心有多大，大到你願意認識自己、面對自己，你就會做反省了。

「修身」就是將自己管理好；「齊家」就是將家庭管理好；「治國」就是學習找方法；「平天下」就是對抗人性並把自己教育好。

3、反省就是面對自己

孔子的弟子曾參說：「吾日三省我身，為人謀而不忠乎？與朋友交而不信乎？傳不習乎？」而孔子另一位弟子顏回則說：「非禮勿視，非禮勿聽，非禮勿言，非禮勿動」，這些就是規矩。其實修身就是告訴你，必須照著規矩

生活。孔子稱許顏回，因為反省，所以不貳過，因為反省而快樂，並且讚揚他是位賢人，做好修身就是賢人。顏回家貧，經常三餐不繼，每天只吃一碗飯，只喝一瓢水，住在簡陋的巷子中，依舊不覺煩惱，樂在其中，快樂地過日子。

反省極為重要，因為反省的另一個連結便是面對自己，想要改變得先學習面對自己。一個人開設公司，為了營運周轉向高利貸借錢，之後還不了錢，只好挖東牆補西牆，終於雪球越滾越大。說好聽，老闆是為了員工生計著想，而其真正的原因卻是無法面對自己，無法拋棄人人稱羨的老闆光環。

4、反省與面對，需要極大的勇氣

記得有一部劉德華演的電影「大隻佬」，劇中的一個瘋子殺了一位女孩，跑到深山躲了起來，一躲就是十多年，再出現時已是蓬頭垢面。他見到劉德華時不但不會說話，還極度害怕，不斷地試探劉德華的態度，眼神中充斥著恐懼及無助。當劉德華輕拍他時，他立刻放聲大哭，像個孩子一樣跟著劉德華去投案。反省及認錯需要極大的勇氣

，他殺人時毫無畏懼地揮下那把刀，但面對錯誤之時卻提不起勇氣，很多人也是如此。你，已有多久未向他人說聲「對不起」了呢？

以前我的安親班裡有一個小朋友，很愛打人，每次和同學吵架非得打到同學哭了才能洩氣，事後問他全說是同學的錯，要他向同學說句對不起，他總不願意，理由只有一個，那便是同學會笑話他，他覺得自己沒有錯。小一或小二的學生其實笑點很低，雖然老師說不可以笑同學，他們依然控制不了。同學走路歪歪也要笑，說話不清楚也要笑，帶錯課本還要笑，剛好，他就是那個很好笑的人，一天到晚被笑，氣不過就打人。有一天我告訴小朋友們，認錯是需要勇氣的，當然還要說個美國華盛頓總統砍櫻桃樹後，勇敢認錯的經典故事，所以誰願意認錯，我們都應給他拍拍手，因為認錯是勇敢的小朋友，很棒的，應該要鼓勵，所有的小朋友都要給他拍拍手。小朋友很單純，每天都會自我檢討、反省、認錯、改變，一段時日後，安親班再也沒有發生小朋友打人或告狀的事了。

聽了這個故事每個人都會會心一笑，為什麼？因為我們都是這樣長大的，也都聽過類似的故事。但是，認錯的

勇氣隨著年紀慢慢大，也就越發遺忘了。現在的你是二十？三十？四十？五十？六十？七十歲……？還記得華盛頓的勇氣嗎？或者你還有勇氣認錯嗎？你會向兒女道歉嗎？你會向學生說句對不起嗎？你會向父母道歉嗎？我們是否早已忘記怎麼說句對不起了？

　　我有一位恩人，我要向他說句對不起。當年剛入社會，他每天都到公司教我寫稿，而我卻辜負了他對我的引導。每次一寫文章，我就會想到他對我孜孜不倦的教導，可我卻沒能在寫稿上出類拔萃，甚至跑去結婚生子，最後無顏面對他的付出。希望他能看到這本書，看到我認錯，也看到我的改變。

　　我還要向女兒說聲對不起，在你成長的過程中，許多時候我缺席了。雖然我看似在為重組一個新的家庭而努力，但你是我的責任，無論任何理由，我都不應該留你一人在台灣，前往大陸工作。我要為過去未能陪伴你，向你道歉，未來我一定會完成引導你進入下一個人生階段。

　　寫到這裡，我應該要向很多人說句對不起耶！找一天列張表格，再一一去說對不起吧！原來我這一生中對不起的人還真不少，希望我在有生之年可以勇敢的認錯，難怪

佛祖說：放下屠刀，立地成佛。

　　成龍曾有一句經典名言：「我犯了所有天下男人都會犯的錯」，胡說八道！我先生可沒有哦，你先生有嗎？家父也沒有，你父親有嗎？我哥哥、弟弟也沒有，你哥哥、弟弟有嗎？這個勇氣得打折，自己錯了卻把天下的男人都拖下水；自己的女兒，全世界都知道，他卻不認。這勇氣要打折，因為這不是真正的認錯，認錯的真實意涵還包含負責。

5、反省的做法
(1)反省的步驟
①反省第一步：真正的認錯

　　真正的認錯是要改變，是要做到天道的「義」，有勇氣並執行改變的能力。所以當我們開始反省及面對時，首先給自己按一百個「讚」，因為你有勇氣反省並面對自己。

　　反省與面對，需要有極大的勇氣(實在太重要，得一直提醒)

　　當殺人犯接受凌遲處決時，從未自己走去刑場，都是

讓人拖去的。小朋友偷錢犯了錯，老師問：「誰偷了班費？」沒人敢舉手，最後老師說，不記名認錯，仍舊沒人敢寫上自己的名字。先生打了太太一巴掌，這麼明顯的錯誤，先生依然不向太太說聲「對不起」。政治人物貪了錢，儘管犯了大錯，還是不見有人主動為自己的貪心認錯。這些明顯有錯、做錯的人，始終提不起勇氣說句「我錯了」。認錯、低頭在修身的反省是學習的第一步。

②反省第二步：放下怒氣

我有一個朋友，太太很辛苦的掌內應外，先生因為糖尿病而沒上班工作，兩個孩子都還小，不過先生的家有一點底，經濟上倒也還過得去，但總不能坐吃山空吧！太太於是學習製作手工香皂，希望日後開個小店，每天忙得像陀螺似的不停轉動。夫妻二人時常不開心，先生有糖尿病卻不忌口，晚上時常熬夜打電玩遊戲也不睡覺。但是，先生有一個最大的好處就是疼太太也愛太太，我們在一旁的人全看在眼裡。太太看到先生改不了作息及飲食習慣，又急又氣，時常口出惡言，對先生沒好口氣也沒耐心。有一天，太太受不了了，心想著這麼辛苦的顧一家大小，一氣

之下想要離婚，又哭又氣的。我們提醒她，先反省自己的態度，例如夫妻相處該有的和善態度，女人的角色及特質……等等，她接受建議後便回家了。或許方法用錯了，惹得彼此不開心，但只要真心反省並面對，多試試不同的方法，不也是生活中的樂趣嗎？放下心中的怒氣，你才能夠做到反省。

③反省第三步：改變自己並做好角色

　　有位訪客的工作收入不錯，不過交男朋友的際遇就差一點了。她很努力工作，但錢財總是進進出出，兩人交往了十年，女生從來沒想過男友會對她不忠……，壓根想不到的事居然發生了。這女生氣不過，又痛哭又打人的，還將男友趕出門，卻總在最後一刻軟化了。有一天她來找我，含著淚光問我：「老師，我要不要分手？」。我將女人特質一項一項說出來並與她一起算分數，結果發現她自身的問題多得不得了，例如不會做飯，說話直接又大聲，家事等到有空才做，總認為自己一直在為兩人的未來而努力。

　　我說，聽我的建議先把自己做好，兩人相處的過程就

是在學習約束並管理自己。這個訪客很聽話，認真地在八方線上課程聽講並改變自己，努力做到女人特質，二年後她很開心地告訴我，他們結婚了；她因為願意面對自己，反省角色做得不足並改變，進而得到開心。

④反省第四步：做人沒感覺－找到自己的開心

　　反省很重要。（很重要，所以說一次、二次、三次……N次）

　　如果你願意學習，首先就是得反省，反省能讓你開心。當你看到自己的問題，進而改變，你的人生正在逆轉，未來只會更好；為了自己好，為了自己好去做才會開心。不是有這麼一句話「人不為己、天誅地滅」，不妨換個說法，你是為自己而改變。

　　有位友人在晚上十一點時打電話給我，「阿姐呀，我要怎麼做，我老公才不會對我發脾氣」、「阿姐，我真的改變很多，不信你問師父」、「阿姐，我快受不了了，昨天我老公又……」。我認識她已五年了，她真的改變很多。過去夫妻二人會大打出手，她會離家出走；她將家裡打掃的一塵不染，堅持得吃健康又營養的食物，所以每餐親

自下廚；先生不准她出門，她就乖乖待在家。她婚前是家中的小女兒，備受父母疼愛，工作穩定，生活上沒什麼負擔及壓力，一路以來都將自己安排妥當。三十歲時想結婚了，便去相親，認識另一半，很快就結婚生子了。當時她只想要結婚，根本沒想過當媽媽，但一切來得太快了，擋也擋不住。一年生一個孩子，同時得做妻子、母親及媳婦的角色，她只能用過去在原生家庭的經驗來想像這新建立的家庭。因為是護士，所以年長的公婆去醫院看病便順理成章地成為她的工作；她真是個好女人，婚後不但要孝順公婆，還放棄繼續讀書的念頭，十年來就在工作和家庭間忙碌著，不曾出國渡假。今年孩子上國中了，這才發現十多年來，她從未停過。我問她，你開心嗎？她說，回頭看這十年，有了一個家庭，兒子小學畢業了，好值得啊！過二天和先生吵架便打了電話來：「老師，還要我怎麼做，難道為了家庭，我的改變和放棄還不夠多嗎？」說到這裡，你的改變是為了自己，如果你的改變是因為別人，你怎麼會開心呢？

每個人都是佛心來著，常自以為是地認為自己是為了別人而改變，或許為妻子、或者為先生、小孩、父母，但

其實你的改變是因為有了新的角色，而這個角色可能是一位主管或老闆，為了這個新角色，你必須改變。此外，改變必得經歷一個過程，這個過程究竟有多長，完全在於你的智慧。在改變的過程中，你得不斷提醒自己－師父教誨我們的「做人沒感覺」。為何做人得沒感覺呢？因為你在做好角色時，如果心中產生感覺，你就改變不了了。舉例來說，夫妻二人吵架，你一言、我一語，再說二句就要打起來了，此時，你若記得角色，當下反省角色特質，男人要做到談吐溫和，女人要做到溫柔婉約，那麼就不能說話大聲，也不能回嘴，二人準備好再說話，不就吵不起來了。可是，我們並非如此幸運，夫妻二人未必都懂天道，都知道要做好角色，常是一個人先懂天道，一邊學、一邊改變；況且在過程中，如果太太依舊嘮叨，先生仍然不負責任，你能有多大的毅力先做好自己而不帶有情緒，不求有個良善的回應呢？很難，非常難！！因此，在反省並改變自己的過程中，信仰對你來說極其重要，你要相信並告訴自己：總有一天我會做好自己，所有的困難就都過去了。你要仔細觀察自己的生活是否有所進步？從一點一滴的進步中找到開心，全然發自內心的開心。

(2)反省如何得開心,心想事成

①改變是為了自己,不是為了他人

反省改變是為了自己,無論男人或者女人。另一半外遇對我們來說都是痛苦至極的!每當有人問我:「老師,我要不要跟他離婚?」我都會如此回應,離婚與否不重要,重要的是你離婚後會比較開心嗎?你必須真心面對自己,真的會比較開心嗎?如果會,那就離婚;如果不會,那就先想想自己該如何改變,並在改變的過程中找到開心。

首先你得知道何謂男女特質,再反省自己是否做到這些特質,接著改變自己並做到男女特質。如果最後還是走上離婚的路,那也無妨,因為你已經學到分辨好男人或好女人的智慧,多得是人搶著想與你共度一生。改變是為自己,不是為了別人。

②反省來學習,人生有未來

反省很重要。(很重要,所以說一次、二次、三次……N+1次)

這十多年來,接受訪客諮詢的經驗太多,故事也好多,大部分的人都因為反省沒做好,才會讓自己的元神離開而不知人生的方向該往那兒走。

有位男性訪客，曾是老闆，公司結束後就再也找不到工作，就算有，也就短暫的二、三年；年紀越大，越希望有個長期而穩定的工作，就這樣轉眼過了十年。這十年中他很努力、認真的工作，但老是不到三個月就碰到了瓶頸。他時常責怪一起工作的伙伴，舉凡工作的前景分析、業務的發展，甚至他人的作息，都有意見；他總是從一開始的什麼都好到後來的什麼都不是，看到別人全是問題，卻始終沒有看到自身的問題。他來找我諮商時，大部分都是我聽他說；他說的全是過去的工作經驗有多偉大、自身的際遇多麼不順利，完全未提到自己想要如何改變。處於競爭激烈的職場中，每個人都必須透過工作與事業的角色來反省自己，反省自身學習的能力，不斷地提升，才不至於被淘汰。

③反省自己是否準備好

　　反省很重要。（很重要，所以說一次、二次、三次……N+N次）

　　再來說說我自己吧！總不能只說他人，不談談自己。我先生早年從事家具設計，後來我們開了室內設計公司，再搭配看風水，生意接得還算不錯，風風光光、體體面面

，年淨利少說也有二百來萬元，豈知做了二年不但結束收場，還倒欠了三百多萬元。唉~~若要找個下台階的理由真是輕而易舉，多得不得了，景氣、工班、生病開刀、人事流動、業主機車、管銷太大及房租太高……等等，真是再合理不過的藉口，但回頭想想到底還是自身問題導致的。從此生活便陷入困境，有人說「你很辛苦，我可以體諒創業不容易」；有人怨我而不再連絡；更有人小看我，認為我難以東山再起而選擇默默離開，總之就是再次陷入人生另一個低潮。我告訴自己，是的，要勇敢、要面對，上帝關閉你的一扇窗，一定會為你再開啟另一扇門。我竭力求生存，提醒自己得正能量、正能量、正能量，每天都不敢想結果，只告訴自己努力、再努力、加油再加油、開心再開心。某天一位學生很客氣地問我：「老師，你都通靈了，協助師父傳道，難道師父沒有幫你嗎？」對耶，我怎麼沒想過這個問題，於是我就問了師父：「師父，我代口幫您傳道，您怎麼沒幫我？」師父回道：「我幫你了。」我又問：「您幫什麼？」師父笑笑不回答，我才開始反省以往的過程。先從角色開始，角色的定位不清楚：行政人員前往現場監工、工務施作者向業主說明、業務也去現場要

求施工人員、開發人員甚至親自去確認工程進度。公司的每個人似乎都背負著施工成敗的責任，彼此緊密連結，但實際上卻是職務內容與責任歸屬均不明確。不僅如此，我更是不開心，因為我很努力的工作，卻沒看到錢。再進一步反省，師父告訴我：「你準備好了嗎？你準備好當個有錢人了嗎？如果你還沒有準備好當個有錢人，那就只是為了工作而生存，我給你這麼多案子學習，怎麼沒幫你？！」

公司結束後，正當整理電腦檔案時，我才驚覺公司一年大約接了十二、三個案子，而那時與我司規模相當的設計公司，一年最多接五個案子。師父怎麼沒幫我，經過反省，確實是自己尚未準備好，不懂做生意的訣竅與門道，也未將公司人員的角色、分工與職責安排妥當。

反省不只是在角色及約束上下功夫，還包括你是否準備好。師父讓我從過程中學習到反省得落實每一個步驟，當時的我不但未能做到規矩，也尚未體悟到真正的「開心心想事成」。反省的步驟很重要，如果未能真正落實每一項步驟，即使你會反省，一樣不會成功。

④修身－反省，是一輩子的事

　　修身是學習最重要的態度，如果你想學習並成長，修身就是一把鑰匙，它能開啟學習的動力，也能帶來無限的開心，因為你將會發現，上天不斷給予機會讓你反省、學習、改變及進步。我們無須給自己太多壓力，做一點得一點，有做有得，直到現在我仍未做好修身，作息不正常，約束也做不到。過去曾為了做好修身而壓力大到跟自己過不去，有時甚至來不及生悶氣就找了旁人發脾氣，搞到自己做了約束卻把親近的人都得罪了。修身是一輩子的事，急什麼！心甘情願才是最重要的。

　　修身是為自己做，不是要求別人做！或許你努力做修身依舊做不好，也得不到，但是「這世修、來世得」，這世就算來不及得到成果，卻能為下輩子準備好修身的智慧，讓自己在來世得到滿足而放下。修身是為自己而改變，我還沒準備好享有私人飛機的便利及相關的花費，所以，錢，請你不要追我。哈~~~~師父說過開心、心想事成。

(三)角色－修身的第二步驟

1、做好角色，做好傳承，一樣可以成佛

彌勒佛祖示

天下大亂在角色	人間不好在角色	自己不好在角色
什麼不好都角色	角色不好自己大	角色不好因果跟
角色不好道理無	角色沒做命不好	角色如何能做好
道理明白做得好	角色如何能做好	氣小低頭能做好
角色如何能做好	想做約束能做好	角色如何能做好
信仰堅持做到好	祝我八方做得好	角色做好命就好

四面佛祖示

紅塵學習做角色	各個角色都是好	乞丐婢女學吃苦
王公貴族學仁慈	單親媽媽學努力	單親兒女學獨立
學生老師找方法	兒子女兒要感恩	公司老闆學智慧
爸爸媽媽學付出	你我都要學認分	每個角色都是學
累世角色都不同	讓你明白學接受	一世一世都做好
未來成佛好度人		

觀音佛祖示

紅塵角色學智慧	個個都有規矩定	只是眾人不想做
原因在於自己想	自己想要怎麼做	忘卻倫理五常倫

> 全憑怎樣就怎樣　全是想做才要做　如此君臣不相見
> 如此上下無法承　如此夫妻不相連　如此朋友不再見
> 角色無法能做到　累世如何能學習　學習好好做角色
> 才能回天佛祖院　祝我八方做角色　一生開心享開懷

　　以上佛祖們的開示是要告訴我們累世輪迴全是藉由不同的角色讓大家學習智慧，並揭示每個角色的做法及規矩，而我們卻不願意認真完成，總是依著自己的意念行事，時間久了便忘記不同的角色得用不同的態度去做，去完成。題詩中並提點了許多角色學習的宗旨，希望我們一一細讀並省思。佛祖說，每一次的角色都是安排好的，你們應該開心接受，不要抱怨。為什麼會有這樣的安排？實在是因為佛祖怕我們做不了修身、齊家、治國及平天下，於是以角色做好與否，作為加分的評判。現今天盤已是無論你從何處來，不管你前世做了多少壞事，只要你想成佛，想要立定成佛，佛祖就會協助安排不同的角色，讓你加分；此刻，你們應特別注意「立定」成佛，即是接受並歡喜地去完成。

　　有些人是單親父母，雖然努力獨自完成教養兒女的責

任，卻不開心。那麼要如何才能做到角色定位，並開心地做好角色？彌勒佛祖說道理明白、氣小低頭、約束、信仰與堅持，就能做好角色；不過最重要的是學習，你得不斷地學習及找方法練習，有一天當你做好角色，如同做到傳承，只要你做好傳承，就一樣可以成佛。

2、以身作則是最好的傳承

　　說個故事給你聽聽。大陸有個小女孩，在四歲時發生意外，為了保全性命，只好截了下半身，因為家裡實在窮，無法繼續醫病，當然也沒能裝設義肢；但是為了讓她方便活動，只好在小女孩骨盆腔的位置放了一個籃球來支撐身體。後來，小女孩因緣際會學習游泳，一開始因為籃球的浮力讓她吃盡苦頭，失去平衡而不斷的喝水，小女孩還是樂觀又堅持的努力學習，終於，她得到了奧運殘障游泳金牌。如今小女孩長大了，也裝了義肢，而她努力的過程成為身障朋友的榜樣，大家莫不以她為榮，現在的她過著努力又開心的生活。以身作則是最好的傳承，如此一來也是做到修身、齊家、治國及平天下。

3、佛祖說，學習將角色做好是成佛的基本做法

(1)基本角色：男與女各有特質

何謂角色？每一個人都得扮演各種不同的角色。就人生階段而言，有小孩、男人、女人、爸爸、媽媽、公公、婆婆、媳婦、女婿、兒子、女兒；就職業的角色來說，有業務、主管、行政、業務、財務、老師、技師……三百六十五行，個個都有不同的角色。我們清楚自己的角色，認識自己的角色，明白自己的角色該怎麼做嗎？在西方，最早出現的角色就是亞當與夏娃，也就是男人與女人，他與她即是所有角色的基本款。然而，男人該如何扮演好他的角色？女人又如何扮演好她的角色呢？此外，從基本款的男女角色便能延伸出人生所有的角色。

男生特質有四項，一是認真負責、二是談吐溫和、三是果斷精神、四是樂觀進取。

女人特質有五項，一是溫柔婉約、二是賢良淑德、三是灑掃進退、四是相夫教子、五是內外兼顧。

(2)角色做法的依據：五倫關係

①君臣有義：學習做到「敬」與「禮」

　　過去我們在學校所學的五倫關係，便是角色做法的依據，即君臣有義、父慈子孝、夫婦有別、兄友弟恭（長幼有序）、朋友有信。

　　君臣有義，這「義」是指道義，泛指上下之間交往應有的規矩及禮貌。以下對上的關係而言，在這裡我們要學習的是天道八字「敬」與「禮」的態度，而就現今社會來看，即是我們對主管、前輩、學長及師長應有的態度及規矩。

　　我們或多或少都曾遇到不對的主管、前輩，或是不對的老師、不對的學長，現在甚至傳出校園內有學長、學姐對學弟、學妹霸凌的新聞，他們以大欺小當然不對，但我們也應反觀自己的態度是否有禮貌呢？當孩子發生這樣的事件，除了心疼孩子之外，你問過孩子是否做出無禮的行為嗎？

　　「禮」在天道的中係為禮儀、禮節，即指中華傳統倫理的規矩。現代人越來越不在意這個「禮」字，人與人之間相處的規矩自然減少而逐漸消失了，例如在職場，主管為了帶領團隊而上下不分，有時還會藉著出入不良場合以

拉攏下屬、拉近彼此的關係，渾然不知人與人之間需要距離的分際，才是有禮貌的行為；學校老師與學生勾肩搭背，也是無法做好君臣有義的角色。

我們時常對主管不滿意，退一步想，他也是在學習如何當主管，給他一點時間學習，如果仍然覺得無法與他共事，那就離開吧！我們現今的際遇可比古時候好太多了，可以選擇離開，再換一個老闆；古時候的臣子若對皇帝不滿意，只得告老還鄉，況且這還算是最好的結果，更多的臣子是掉了腦袋，丟了性命。當然你也可以換大王，但得有本事！張儀（戰國時期有名的外交官）是個人才，在楚國受到屈辱後離開，輾轉到了秦國重新找到自己的定位，那是他有好本事，有個三寸不爛之舌，能言善道的讓他不費吹灰之力，又拿城池又拿錢。你有本事也可以離開討厭的主管，不要只會抱怨，又忘了應有的君臣之禮。

然而，君要做得好，雖然無須替員工或部屬著想太多，但卻得具備豁達大度又高尚的德行，才能成為好主管、好上司。你必須時時刻刻思慮著助人生計的長遠計畫、教人智慧的耐心引導、救人一命的包容及關心、造福鄉里的胸懷大志，才能做到「德不孤、必有鄰」，而你的臣子就

算對你有所抱怨,也不會輕言的另謀他處。角色是為自己而做的,不必管別人怎麼做!

②父慈子孝:學習做到「敬」、「善」及「慈」

父慈子孝是讓我們學習有智慧的付出及感恩,在這裡我們要學習的是天道八字「敬」、「善」及「慈」的態度。

每一個靈魂都是獨立的個體,即使你身為父母,也不能干擾孩子的學習過程,只能引導他具備智慧,讓他有能力判斷自己想要的人生。

有一位醫生提告父母對他家暴,因為他在建立自己的家庭後,便不再付出高額孝親費,父親氣不過而打罵他,兒子醫生於是提告父親。經新聞披露,大家開始討論孝親費到底要多少錢才算合理?何必討論!每個家庭,情況相異,有人付二十萬,有人給二仟,那都是別人的家事。不過,最後發現這事件的背後卻是為人子者並未用更多的方法引導父親,讓父母明白無須再擔心兒子了;經過我通靈了解箇中緣由,原來這醫生是個不懂得管理自己的人,他的父母從小便習慣性的管理及保護他。即使他已是醫生了

，父母親還當他是孩子，父親要兒子把錢交出來，其實是為了保護他，生怕他被人騙錢。父親的目的只是替他管理金錢，但卻未將心中的話說出來，只因怕他人笑話自己放不下兒子。這對父子的表達方式，長久以來都是錯誤的，演變到後來乾脆不溝通，漸漸地不懂得替對方著想，而造成兩敗俱傷的結果。

　　我有一個朋友很孝順，國中未畢業就出去工作了，那時認識的人很複雜，做的總是見不得光的事，可是他每月都會給母親錢，母親自然知道兒子有何本事，錢都是怎麼來的，但母親還是收下他的錢。當時我就想，如果母親知道他的錢都是不乾淨的，而不再拿錢，以他是如此孝順的人，應該會努力找一個簡單的工作，不再賺黑心錢。

　　父母與子女的關係並非互相干擾，而是藉由這個化不開的關係，強迫彼此學習。所有的學習皆來自角色的改變，我們可以一生都不工作，也可以不結婚，也可以不交朋友，但我們一定有父母、子女的角色，我們得好好學習這個不可能改變的角色。看到父母開心，你也會很開心，好好做好父母角色，因為看到子女有所成就，你會更開心。

③夫婦有別：學習做到「敬」、「善」、「禮」、「義」及「智」

　　夫婦有別說的是做好男女角色應有的態度，在這裡我們要學習的是天道八字「敬」、「善」、「禮」、「義」及「智」的態度。

　　過去的農業社會是男耕女織，角色清楚又分明。在當時，男人做農活，女人帶孩子、煮飯；男人穿褲子，女人穿裙子；男人打孩子，女人疼孩子，角色很清楚。現在工商業社會，男女角色不清楚，我想連小孩子都明白，無須多言。

　　在社會快速變遷的時代，這現象似乎已無可避免，但在這關鍵時刻，我們更應積極找到做法。（有關「男女大不同」之說明，請參閱卡羅老師著作「靈魂啟蒙師3 歡喜樂活 掌握人生」。）

　　在此告訴你一個讓家庭幸福美滿的秘訣，就是夫妻二人將男女角色的特質做好。

④兄友弟恭：學習做到「敬」、「善」、「慈」及「智」

　　兄友弟恭則是讓我們學習替人著想，在這裡我們要學

習的是天道八字「敬」、「善」、「慈」及「智」的態度。

其實這部分的角色不僅限於兄弟，而泛指人與人之間的相處。常有人問我該如何建立人際關係，例如在學校結交新朋友應有何態度，出社會與同事交往又該有何態度，如果我們能明白天道八字的做法，就知道如何交朋友了。

還記得小時候，功課好的人，人緣特別好；長大後更發現，能言善道、會說好聽話的人，人緣也很好。兄友弟恭就是讓我們學習先從兄弟姐妹做起，但是我們通常都對外人好，對外人說話客氣又有禮貌，卻對家人大呼小叫。

兄弟不合與父母公平與否息息相關。父母總是對哥哥或姐姐的期望高、要求多，因為哥哥、姐姐須作弟弟、妹妹的模範與榜樣；而在家排行老大的人也存有類似的迷思，心想著得做好自己，扛起照顧家庭的責任，弟弟妹妹也就因為天塌下來還有哥哥、姐姐們在，甘願當個跟屁蟲，但隨著年紀越大，各自發展、成就不同，兄友弟恭就更是難上加難了。

我的一位女性友人是家中的老大，從小就好命，父母疼愛她，養成她一代女王的性格，弟弟、妹妹從小都得聽

她的話。後來父親生意失敗，照理說她身為大姐，應該扛起還債的責任，可她卻跑去結婚了；而且父母還不公平、好面子，怕她在婆家站不住腳，因此，還債工作便落到了三個弟妹身上。她現在已經六十多歲，一向和弟弟、妹妹們少有往來，很孤單，也沒有什麼朋友，直到來了八方學習，經過反省才發現原來是父母不公平又未能引導她學習與弟妹相處，才造成今天有親人卻沒往來的手足關係，其實她只要表達出感恩之情就行了，兄弟姐妹間的距離不會大到無法可解的。

　　還有一對兄弟，哥哥是軍人，弟弟是律師，二兄弟的成績都很好。父母一向疼愛弟弟，因為弟弟嘴甜，會說話，哥哥從小就正直，要他說句好聽話，難如登天。就在報考大學時，哥哥決定報考軍校，因為他覺得在不公平的家庭長大，很不開心，他要離開這個地方，所以選擇讀軍校，這一去就是二十年。現在兄弟二人除了家庭活動外，便極少連絡，但這二年他聽了八方的課程，慢慢在改變，至少學習不再生氣。不過，我相信這一切父母都看在眼裡，很是掛心。

　　兄友弟恭要做到好，真得將天道「敬」、「善」、「

慈」及「智」做好。天道八字太好用了。

⑤朋友有信：學習做到「敬」、「善」、「忠」及「智」

　　朋友有信，泛指人與人之間相處的原則及方法，在這裡我們要學習的是天道八字「敬」、「善」、「忠」及「智」的態度。

　　小時代有部電影，相信很多人看過，電影情節描寫的是四位個性截然不同的好朋友，從大學一直到入社會的故事。她們各有不同的成長背景，卻能夠成為好朋友，甚至為了保護好朋友，也會給予彼此學習的空間。當中有段劇情是其中一位女主角的母親欠了賭債，黑道上門要債，為了還債而不得不出賣另一位女主角；當然在緊要關頭時，她並沒有出賣好朋友，但早已造成誤會，這四個女人開始吵架，互相指責，道出彼此的問題，脾氣大、裝模作樣、現實、驕傲……等等，最後四個人又和好如初。和好的原因就是『忠』這個字，忠是承諾，她們心中都認同我們就是一輩子的好朋友，才能不計前嫌的包容。

　　友情若要長久必須做到友直、友諒、友多聞。看過電影的人都知道她們秉持這個交友原則交往及相處，就算歷

經重重考驗也能前嫌盡釋，終而得到友情。

　　電影畢竟是電影，誰能有那麼多時間，天天混在一起，我們也不必為這樣的友情而感動，每天與閨蜜膩在一起。個人照顧好自己的生活，有時間就聚在一起話話家常或傾聽彼此的問題，給予建議，分享經驗，這就是朋友。如果你覺得他（她）是可以交往的朋友，那麼「包容」這二個字對友誼的維持來說就是關鍵。

　　每一個人都有自己的交友原則，有的人只與有錢人來往；有的人交朋友是為了打發時間；有人交朋友是為了喝酒、聊天。不論你交朋友的原因為何，將朋友以遠近的層次區別極為重要，並非每交一個朋友就得肝膽相照。年輕人最怕的就是講義氣，只有義氣無視正義，不管是非判斷，那便是扭曲了「義」的真實內涵。「義」不只是相挺，「義」是「正義」，必須用在正直或對的事情上，而正直即是符合道理。如果父母未能從小教導孩子交友原則，即「友直」、「友諒」、「友多聞」，孩子只會浪費時間，交到的都是「說義」的朋友而缺乏正直的作為。朋友能夠陪伴我們走往好的人生前程，也可以影響我們做出傷天害理或違法之事，確實得慎之，選之。

師父說，敬鬼神而遠之，這個鬼神並非眼睛看不到的鬼神，而是心中不存在道理的人，無論孩子或者成年人在交朋友時都應敬鬼神而遠之。

修身的第二步驟是角色做好，以天道的態度做好我們的角色，不妨反省一下，你的觀念及態度是對的嗎？如果不對，那就快快改變！

(四)約束－修身第三步驟

修身的第三步就是約束。約定自己要做到並明確的改善，就是清楚目的，努力去完成。

彌勒佛祖示

這是一個好管理	心甘情願都要做	如此學習改變己
從此見人都是好	約束全是在做出	做好天道是約束
只要好好做約束	才是學習最重要	如果約束做不好
人生都是在浪費	只要約束做到好	才會進步和改變
祝我八方要改變	人生才會再進步	學習之人要約束
修行之人要約束	只要約束做得到	才是修成天上圓

四面佛祖示

哎呀我們好辛苦　事事都要來約束　原因實在沒有它
就是改變第一步　話說為何要改變　因果找你所以改
因果何事找上你　角色學習不明白　例如母親不會做
約束早起做早餐　例如學習不會做　約束習慣來堅持
再說兒女不會做　約束工作來事親　還有老闆不會做
只好要求再學習　約束約束學方法　人生才有大發展
如此事事都做好　成佛等來做到圓　祝我八方來約束
得到滿意人生呈

觀音佛祖示

人生為何要約束　全是因為在學習　人生為何要約束
全是因為要改變　人生為何要約束　全是因為來過關
想想和尚要約束　全心學習佛法成　想想父母要約束
改變兒女家業傳　約束讓你角色過　約束助你紅塵圓
只要約束觀念起　自然人生守本分　人生就是要本分
人人做好本分事　何來紛爭擾不停　望我八方做約束
未來才可八方成

1、約束就是學習改變的第一步

　　佛祖們表示約束是自己想要才會做得好，倘若並非真心想做好約束，就算以嚴苛的方式自我要求或者透過他人來要求，你仍舊做不到也做不好約束，因為你會不開心，當不開心而有怨氣的約束就不能算是約束。

　　我們之所以學習約束是因為想改變自己，或是想將角色做得更好，你會因為角色的改變而有著不同的約束；假若你懂得不同的時期應有相對應的約束，並以此協助自己學習，你就會努力的改變而達到那個美好的角色。試想一下，身為父母親的你會因為孩子而改變，改變些什麼呢？例如，說話的方式、好的作息、不再進出不良的場所。但是為何能如此自我約束呢？因為愛讓你心甘情願的約束。約束就是學習改變的第一步，如果你是學生，你懂得約束自己，就不會貪玩、不會沉溺於貪打電動遊戲，並能約束自己，該讀書時認真讀書，該睡覺時好好上床睡覺，學習成績必定不差。

　　約束做得好，不但能促進學習，更是以身作則的好榜樣。

2、約束自己要有原因才會開心的去做

　　約束這件事情太難了，因為你得對抗自己累世的習性。好比說前世的你是個土匪，沒讀書又不識字，全靠一身的拳腳功夫及一個唬人的大嗓門才得以生存，真不巧今生卻是宛如出水芙蓉、美得冒泡的纖纖女子，出生於書香世家，兄弟姐妹各個溫、良、恭、儉、讓，唯獨自己像是偷生的一樣，除了外表可以騙人之外，一舉手、一投足就讓人指指點點的笑話，活像個大男人，只好約束自己必須學習做女人。但在過程中能開心嗎？當然不開心，因為天天被要求又被管理。那麼如何能讓你心甘情願地自我約束做個女人？有的，那就是未來能嫁給一個愛你的男人並且疼愛你一生一世，你便會心甘情願地約束自己去做一個女人。這就是人性，目的清楚而約束自己，才有動力，也才能開心去做。

3、約束自己因受環境影響而不得不做

　　抽菸、喝酒對身體有害，所以不應為之，但是飯後一根菸，快樂似神仙，怎能不抽菸？酒可是穿腸毒藥，所以不應喝酒，可是朋友一生一世，怎麼能不飲酒同歡？有一天肺黑了，腸也穿了，住進醫院，手腳都打了上點滴，你還能抽菸、喝酒嗎？

4、約束自己是愛自己及愛家人的表現

　　我們身邊一定或多或少有著三高患者，高血壓、高血脂及高膽固醇。這樣的病人得控制飲食，假若控制不良將導致頭昏眼花，甚至引起併發症，例如中風、心肌梗塞、截肢、瞎眼、洗腎……等等。患者除了得控制飲食，強迫運動，還得有良好的睡眠，如此約束自己，不能「只要我喜歡，有什麼不可以」的任性作為，才能身體健康，也才不會造成家人的負擔。

5、約束自己要為自己而堅持

　　無人不知做好自己的道理，但是我們往往只有三分鐘熱度，執行力不足，功敗垂成。有句話說得好，美女不怕

多金男，就怕黏上賴皮鬼。執著及意志力可使鐵杵磨成繡花針，只要我們堅持做到約束，任何事情終究得以心想事成。約束看似給人一種嚴肅又拘謹的感覺，其實約束只不過是要我們養成好的習慣及態度。一開始雖然做不到，那就訂立目標，約束自己漸漸做到，一段時日後就會成為習慣，甚至成為推動你進步的力量。

　　有一對男女已交往十年了，雙方都很清楚彼此的承諾，男生對女生很好，彷彿是為她而出生。女生高興，男生就高興；女生生氣，男生就靜靜地不說話。他看著她吃東西，便感到開心，於是心甘情願替她做每一餐飯。這個女生從來沒想過男友會背叛她，但是這麼體貼的好男生，誰都愛啊！男生公司的女會計對他傾心已久，就算下班了，仍會打電話向男生報告公司的情況；在一次應酬中，女會計趁男生喝醉了而將他帶回家。這女生知道後，又氣又鬧，準備分手。這時，女生又想這個男人這麼好，憑什麼是我退讓，於是跑來找我，是否能藉由術法驅逐女會計的糾纏。我請她將女人特質做好，她堅持了二年，終於如願結婚了。她現在幸福嗎？很美滿。

6、約束自己是因為我要這個角色

有位小媽媽來找我，她說先生要離婚，當時已懷有五個月的身孕了，先生仍要她拿掉小孩，她不明白先生竟會如此殘忍的對待她。我請她反省女人特質，有什麼地方沒做好？她想了想告訴我，她都沒做好；我覺得她很棒，認真面對自己的問題。原來這個小女人，不開心時就擺臭臉；原來她一向等先生買飯回家吃；原來她對先生的爸爸不友善。她的先生是獨子，有一個好工作，還是碩士生，過去時常告訴她為人處事的道理，但她總是不以為然，有時還會大聲的對先生說話。她懷孕後和先生談過，先生說，他們不能有這個孩子，因為他不願意讓孩子看到父親這麼沒用，為了成全對妻子的愛卻無法保護父親，也不願孩子有如此是非不分又不知孝順的母親；先生還說，他可以因為疼愛妻子及實現承諾而與妻子一生一世，但不能讓孩子在錯誤的環境成長，經過左思右想，終於決定不要這個孩子。我告訴她要抱著反省的心態去面對整件事情，不要生氣，不要想先生有多狠心，最壞的打算就是小孩出生後沒有父親，底限清楚，心中有數，就勇敢去做。

小媽媽很獨立，在孕期自我照顧，不生氣，還不斷向先生道歉，不哭也不鬧，甚至主動向婆婆告知身體狀況，努力改變自己，直到生產當天仍是獨自拎著小包到醫院待產。朋友們想著如果她的先生真不到醫院陪產，那我們就去陪她，替她打氣。我們到醫院，看到先生也到了。一段時間後便聽說夫妻二人已赴日本二度蜜月了。

　　約束，說穿了就是自我管理。管理得好，身體健康，身心愉快；管理不好，生病受傷，人生無味。

(五)規矩 - 修身第四步驟
1、所有規矩都源自於大自然定律

彌勒佛祖示
規矩你有嗎　規矩你沒有　身體你好嗎　身體不是好
如何能做好　習慣可做好　望你能明白　規矩一定做
才是做天道

四面佛祖示
人生事事要規矩　可有想到要堅持　從小父母教規矩

學校又是來規矩　公司也有多規矩　相處還是要規矩
規矩沒有天下亂　規矩沒有人憔悴　規矩沒有隨便做
要你規矩有原則　做人自己管自己　只要做好規矩事
人人尊重己開懷　祝我八方做規矩　以身作則人人跟
從此傳承是天下　未來才有好聲名　開心完成做人責
日後回天佛祖成佛祖成

觀音佛祖示
規矩都是天地事　天地之事人來圓　如今都不要規矩
如何才能天地圓　天地之事在陰陽　有陰有陽自然律
如今規矩都不在　眾生活得好辛苦　若是規矩人人有
大地安祥人平安　不會亂丟我不要　不會亂做害人哭
規矩都是因果緣　好緣壞緣都是起　好好規矩天地則
未來做好自己事　世世代代好好圓

　　佛祖說，規矩包含二項，一是飲食習慣，一是生活作息。規矩皆源自於大自然定律，男人及女人的規矩亦是依循男女的本質特性而訂定，儘管規矩討人厭，但它卻是學習過程必備的根基。我們都知道弟子規，它就是一套為人處世的規矩，只要照著做，便能成為一位守規矩的人。

規矩，除了讓我們為人處世時有所依循之外，同時也是公認的標準，大家做一樣的事、行同樣的道理，彼此間就不會產生紛爭。規矩是前人的智慧結晶，前人以其經驗，教導我們如何做好、做對，以成為大家喜歡的人；這個統一的標準就是規矩，而規矩是要做出來的，同時也是每個人必須遵守的。既然大家都守了規矩，又何來爭執？！

　　規矩也可以自己訂定，但須限於天道之內，因為規矩亦為與人結下善緣之良方。俗話說，志同道合。一個守規矩的人，也會喜歡與守規矩的人共處，結的緣分就是善緣；一個不懂規矩、自以為最大的人，就會同逢迎拍馬的小人在一起，結得緣分就是惡緣；因此一個有規矩、懂規矩、守規矩及做規矩的人與他人結的緣分就是善緣分，如此一來，累世都是善緣分，最後終能做到「修身」、「齊家」、「治國平天下」。

2、規矩是成佛的必備條件

　　現代人生活壓力山大，有錢時擔心沒錢；沒錢時擔心沒工作；有工作時擔心對象跟人跑了；沒對象時擔心沒機會；有機會時擔心被擠掉；沒病時擔心有病；有病時擔心

開刀；開刀時擔心活不了；活不了時又擔心活著的人。肉身承受這麼多的擔心，這麼大的壓力，如果缺少好的作息及飲食習慣，你就算有再大的護持，也沒有好的身體做天道，當然也就見不到佛祖。

佛祖慈悲，難道會比你少擔心世人嗎？當然比你我都想得多，可是金剛經的第一品中明白提到，……世尊食時，著衣持鉢，入舍衛大城乞食。於其城中，次第乞已，還至本處。飯食訖，收衣鉢，洗足已，敷座而坐。……長老須菩提在大眾中即從座起，偏袒右肩，右膝著地……。這段說的就是規矩，佛祖修行的規矩，佛祖都說了自己的規矩，請問，你是那位？可以享特權，不要定規矩、守規矩嗎？

3、規矩是你成家立業的必要條件

在古代，規矩就是選擇對象的參考依據或標準。所謂門當戶對，即指規矩相當，宜室宜家。大戶人家對大戶人家，對的又是什麼？就是家規，舉凡食、衣、住、行、言行舉止，例如，用餐時有用餐的禮儀；坐有坐像；說話時談吐優雅而不凡；走路有走路的姿態及儀態；穿著儀表必

須呼應場合與身分地位,以及對長輩與父母應有的禮貌與態度等等。千金小姐大門不出,二門不邁,公子們讀書是特權專屬,得有銀兩才能學習。過去,窮人沒錢,當然上不了學堂,加上資訊不發達,壓根兒學不到大戶人家的規矩。現在時代不同了,想學什麼規矩,從網路、書籍、電視都可以學習得到;一般人只要有心學習,一樣能習得良好規矩,男人可以氣宇軒昂、風度翩翩,女人秀外慧中,出得廳堂,入得廚房,規矩的學習已是唾手可得了。

眾所皆知台灣的經營之神王永慶,不論工作或者生活皆謹守規矩二字。王永慶的吃食簡單,每餐半碗飯,配上一個魚頭、半隻香蕉。晚上九點就寢,半夜兩點半起床,做著名的「毛巾操」,搭配跑步、游泳等其他運動。清晨六點半到八點,再睡個「回籠覺」。中午一向吃著便當開會,工作到七點,若晚上邀請客人到家中餐敘,八點半以前一定送客。擁有數十萬名員工的台灣經營之神尚且如此約束自己,一切按照規矩行事,我們是誰?能不要有規矩嗎?

規矩人人有,規矩人人定。隨著時代變遷,家庭規矩已經簡化不少,過去父母教導女孩出了自己的房門便不得

穿著睡衣，現今甚至可見在大馬路上穿著睡衣逛大街的人，中國流傳五千年的傳統文化，早已不復見。然而，當我們談論規矩時，依舊忘不了老祖宗代代相傳的「弟子規」，它可說是中華傳統倫理的規矩大全，既是事事顧全又處處是理，各位不妨多加閱讀參考後，據以自定規矩。

4、規矩包含二項：一是作息、二是飲食

八方師父告訴我們，二件規矩得做，一是作息、二是飲食。

(1)作息

作息正常是現代人難以做到的約束，但作息正常確實能讓我們延年益壽，醫學研究已證實，毋庸置疑。作息之所以舉足輕重，因為它與我們的心靈健康息息相關。每天有二十四小時，將它分成三等份，每一等份是八小時，第一等份是休息，第二等份是學習，第三等份則是付出（也就是工作），而我們將這三等份規劃妥善，就能稱之為作息正常。

休息，即是睡眠與放鬆，或許睡著了，或許看看電視

，或許找人聊天，只要是適合自己的休憩方式，皆可稱為休息，也就是找一個讓自己放鬆的方式。

學習，就是人與人的學習，即五倫關係圓滿的學習。讀書是學習，工作專業的提升也是學習，學習你不擅長或不懂的事物都算是學習，例如做家事、帶孩子也是學習。

付出，就是對他人的付出，對親人的付出不求回報。上班工作也是付出，志工、義工也是對社會的回饋付出，它可以換取報酬，也可以不計報酬。

作息的三等份，每個人都要將其平均安排在生活中，如果少了其中一樣，便會使你的身心出現問題。現在很多人的身心出了問題，並非工作過於忙碌，或是沒空閒吃飯、睡覺，而是因為其中一項作息沒做到或做太多，而導致身心靈失去平衡。有的人是休息出了問題，而得了失眠症；有的人是學習出了問題，便得了自閉症；有的人則是付出出了問題，因此得了憂慮症。

雖然空間窘迫亦會造成作息劃分不均，但仍是可以慢慢調整。現代人因為空間問題及關係複雜化，致使時間分劃不清不楚，理所當然地忽略五行的運行，那我們就用最簡單的方式來學習運用時辰的力量，讓我們在作息中得到

健康。

　　時辰交替之時，就是大氣開放的時刻；簡單來說，如果我們將作息以時辰交替來劃分，就能讓身體變好。人的意識其實會隨著大氣開放及關閉，進而引導肉身開及關，而我們只要掌握這些時刻，便能讓身體健康、精神煥發；當你二樣都好，在學習及付出時，就會比別人專心，而得到更佳的效果。比如說，早上五點或七點清醒是一天最好的開始；晚上九點、十一點或一點則是休息睡覺的好時間。假使我們想在那個時刻得到最好的五行運作，就必須在時辰交替的時間，提前半小時做好準備，例如早上四點起床準備，五點開始運動或吃早餐，又如晚上八點半或十點半準備睡覺，讓自己的身體結合五行運作而得到真正的休息。

　　老天是公平的，每個人的時間都一樣多，但是我們常聽到有人說「沒有空」、「沒有時間」。倘若由我們完全掌控的時間，你都無法管理，那麼談及多少修身與天道的功課都只不過是紙上談兵，毫無用處可言，因此，我們只要將時間有效地分配，必能做好這三等份的作息。

(2)飲食

①「黃帝內經」－必讀好書

　　說到飲食的規矩，我就想到一齣帝王劇，劇中黃帝用膳總是七道涼菜、八道熱菜、三道湯水，滿滿一桌。有一次黃帝嚐了一道菜餚，讚不絕口，吃了第一口，覺得好吃，又吃一口，真是好吃，再吃第三口時，旁邊的侍從隨即下跪；因為黃帝必須保重身體，不可貪食而影響身體健康。

　　黃帝在中國歷史上可說是中華文化的領導者，因此黃帝的身體健康與否關係著後代子孫承繼及中華子民的生活安定，帝王養生之道也就成了一套學問而世代流傳。「黃帝內經」是一本好書，它記載了五行、陰陽及藥膳的調理方法，十分值得一讀再讀。

　　古書記載神農氏五百年而亡，詩經記載姜子牙壽至一百三十九歲，人們最早的壽命可以活二百年左右。因個人的喜好（就是慾望）而改變生活及飲食習慣，一代又一代破壞身體的五行與陽陰，當身體的陽陰不調和時，身體便會不健康。因此，我們在了解及做好飲食的規矩前，應先

明白大自然的生生相息。大自然所有的事物都有五行及陰陽，食物也有陰陽之分，食物就能幫助我們身體內的陽陰調和，因此，在做好飲食的規矩前，我們得先明白天地之間的五行陰陽說。

就中醫來說，我們人體的五臟，心、肝、腎、脾、肺，分別代表著火、木、水、土、金（即稱五行），而這五行如果運作得當，身體就健康。五行如何能運作得當，就是飲食得均衡，因為任何食物皆有陰陽之分，例如，紅肉是陰，白肉是陽；蔬果類則白色的是陽，綠色是陰，因為綠色葉子接收太陽的光而長大，太陽屬陽，受它照應的便屬陰；地底下的食物是陽，地面上是陰。水果外皮是陽，內是陰。我們吃的是果肉，就屬陰。這陰陽的判斷，就是大自然的一個定律。受陽光直接照射而可食用的就屬陰，不經陽光照射者就屬陽。此外，我們的主食白米及麵屬氣，水則是幫助我們體內陰陽五行運作的重要元素。

②孔子的飲食規矩

良好的飲食習慣對修身而言極其重要！如果上天要給你一個發財的機會；如果上天要給你一個享樂的時光；如

果上天要給你一個心想事成的未來，但是你沒有健康的身體，一切只是枉然，白費力氣。秦始皇在得到天下、得到權勢後，他唯一想要的就是長生不老的肉身，可見身體健康是人人想要，更是必須追求的修身之法。

孔子的飲食有一些規矩，可供我們參考學習：

食不厭精，膾不厭細，也就是說食物要食原味、烹調時才能吃到食物的美味及營養。食饐而餲，食餒而肉敗，色惡不食；臭惡不食，不食，則是說腐敗及顏色不對的食物不吃。失飪不食，即是食物的烹調方法不對，也不吃。例如，鴨是寒性食物，牠就要烤著吃，可以上火，平衡食物的屬性。台灣婦女坐月子一定要吃麻油雞，也是這麼一個道理。不時不食，非屬時節性的食物不吃，綠豆湯是夏天喝，菊花茶是秋天喝，就是什麼時節吃什麼食物。割不定不食，就是指亂煮的食物不吃，這是一個飲食態度。孔子認為如果廚師對自己的職業不夠認真、不夠仔細，做菜不細緻，那麼他做的菜早晚會出問題。不得其醬不食，是指食物的配料不對也不食，好比為了提味，吃肉粽時會加上花生粉及甜辣醬，吃海鮮時則要搭配醋汁，吃生魚片則加上哇沙米醬。肉雖多，不使勝食氣，就是說飯桌上的菜

要平均,也就是菜不可多量,好比台灣早期推的梅花餐,五菜一湯,剛剛好吃完,配菜的量也不應超過主食的量。

唯酒無量,不及亂,說的是喝酒以不亂性為原則,不要喝了酒就忘了爹娘是誰,自己最大,那就失了喝酒怡情的樂趣。沽酒市脯不食,即指來路不明的食物不吃,以現在來說,就是不給黑心商人賺錢的機會;孔子認為商人必會謀利,對於食物的品質必定貪圖方便及利益,因此孔子不吃來路不明的食物。這就是現代人說的,寧願多花一點錢,購買經過安全認證的食物。不撤薑食,這是一個養生觀念,古語有云:「冬吃蘿蔔,夏吃薑,不用醫生開藥方」,「上床蘿蔔,下床薑」,因為蘿蔔順氣,晚上能助眠,薑則有助於發的作用,讓我們白天精神好。不多食,只食七飽,因此吃飯不吃飽,只吃七分飽。食不語,飲食時不說話。聖人對於飲食的規矩有多少!飲食的規矩定了,身體就健康了。

台灣有一位著名的電視新聞製作人,先生得了癌症,接受西醫治療後,她續以生機飲食的自然食療,不僅讓先生的身體恢復健康,還成了生機飲食的專家,出版許多相關的書籍,與大眾分享飲食的規矩。

(3)結語

　　人是吃五穀雜食的，如何食的健康，食的美味，不妨參閱中醫經典「黃帝內經」，除了讓我們認識自己的身體，更能找到良方，讓身體健康。

　　此節，修身第四步驟「規矩」說到這裡，除了說明規矩的重要，更重要的是告訴大家，如果我們要成佛，要在生活中修行，都得有一個好的身體。在修身的說明中並未要求我們要做何種規矩，因為規矩因人而異，但是特別提到作息及飲食規矩的約束，因為這二件事與我們的身體健康密不可分。修行在個人，個人好修行。

　　修身要做的四個步驟，一是反省面對，二是角色學習，三是約束做到，四是規矩訂定。而且，每一個步驟都各有態度、觀念及做法。修身，難不難？不難！全在個人做與不做，如果告訴你這是成佛的方向，你做不做？做！原來成佛就是先做好自己。（本文多次提到男女特質及天道八字，詳情請參閱卡羅老師著作「靈魂啟蒙師3歡喜樂活掌握人生」）

☆自我反思一下

修身四個步驟：反省、角色、約束、規矩

1.以上依照順序做到的是：

2.請說明做不到的最後二個原因是什麼？（可複選）

　　□不知道如何做反省　　□不知道角色怎麼做

　　□喜歡自由自在　　　　□不知道什麼是規矩

　　□我的成長環境讓我無法自主做修身

　　□個人習慣已養成，很難改變　　□覺得沒有必要

　　□我又不是聖人，為什麼要做到修身四步驟

3.請針對以上勾選找到方法改變

參：修身

第肆章、齊家

一、齊家做得好，好運就來到

(一)有緣千里來相會

彌勒佛祖示
若說齊家真是亂　每人只有一個家　可是明明有三家
卻是只想有一家　說是結婚是一家　可是還有下一家
何是一家再一家　原來傳承有三家　齊家就是做傳承
有了家傳才齊家

四面佛祖示
家庭不是好善緣　都是累世功課圓　如今只想外人圓
卻把家人當外緣　想想自己不經心　總是未把家人圓
何必放外不管家　浪費累世好機緣　最好回頭看看己
齊家才是真正圓

觀音佛祖示
人生追求家圓滿　不要不知或不願　家庭美滿多開心

> 從小安心又開懷　如果自己不追求　何來幸福到你門
> 如果家庭不幸福　安心安定都沒有　如果家庭不幸福
> 開心生活也沒有　家庭真的很重要　全是自己來掌握
> 不論關係和角色　都要反省規矩定　一家傳統很重要
> 表示功德入庫房　現在上天給家運
> 祝我八方都能成都能成

佛祖的意思是說成為一家人很不容易，都是累世的緣分。這些緣分不是你欠我，就是我還你，這是佛祖給我們機會來彼此圓滿的，我們得要好好珍惜。家庭能讓我們學習人與人之間相處的智慧，如果你想要成佛，必定得走過這個過程。當然有人會問：佛祖，難道我終生求佛學智慧還不能回到佛祖身邊嗎？佛祖說：不行。佛祖說，智慧是累積經驗及讀書而來的，讀書求智慧在上個世紀已經告訴你們了，現在這個世紀必須以身作則才可以成佛；而做好齊家就是學習佛祖的付出，也是成為佛祖必修的功課，所謂修行在紅塵，紅塵就是學習情愛及財富得到圓滿而放下的地方。我們總希望讓家人過上更好的生活，卻忘了家人相處之道的智慧進而圓滿而放下。每一世來到紅塵都是學

習相同的課題,卻依然做不到,結下善或惡的緣分只好等到累世輪迴才來化解,因此,家人就是你們的業果,希望各位好好學習,才能得到圓滿而放下。

(二)「家」是讓我們學習傳承智慧的地方

　　如何才能得到滿足而放下,不再輪迴呢?就看你是否學習到人與人相處的智慧並傳承下去。佛祖讓我們從「家」這個組織來學習傳承的智慧,也就是從「家」來讓我們學習做佛祖;佛祖的工作就是教人智慧,如果未來想回天而不再來,就應好好地在「家」學習傳承的智慧。

　　傳承的智慧並不簡單,你面對的家人是你最愛的親人也是讓你最痛的累世,該如何面對又愛又痛的人?又該如何在「家」學習教人智慧,學習傳承的智慧呢?透過本章節,我將告訴你們做法,希望你們能好好的學習。

　　儘管傳承的智慧實在不容易習得,但是只要你們好好做,只要你們一心想要圓滿家庭,上天便安排好運勢;因此,天盤已經定了規則,除非你這世要買單走人,除非你脫離涅盤,否則不再給個人財,現在上天給的都是家運財,只要做好家的傳承,上天會透過正財讓你們工作升官又

發財。祝你們開心心想事成！

二、如何做齊家

　　每一個人的天命都是「修身」、「齊家」、「治國及平天下」。原來我們透過「齊家」來學習，先當家神，有了經驗，日後再學習更高的智慧，有朝一日回到佛祖身邊，幫佛祖做事就不用投胎輪迴，這個說法淺顯易懂。事實上，在歡喜八方學習及修行的方法就是如此簡單又方便，只要照著做，別想太多，你就能得到智慧了。前述佛祖告訴我們得做好「齊家」，到底該如何做呢？以我和佛祖溝通多年的經驗，彙整重點如下：

（一）開心做好「齊家」必備的觀念
1、成為一家人很不容易，那都是累世的緣分，我們要好好珍惜，而家庭就是學習人和人之間相處的智慧。
2、你的家人就是你們的共業，好好學習，得到圓滿而放下。
3、「家」是讓我們學習教人智慧的地方，好好在「家」學習傳承的智慧。

4、現在上天給的都是家運財,只要做好家的傳承,就會有好的財運。

5、情愛和財富是你心甘情願地去努力而得到,但是得到之後要放下。

6、「齊家」只有照著做,不要想太多。

(二)做齊家,圓滿自己,也要圓滿別人
1、心甘情願做,感覺不要多

四面佛祖示

齊家工作很簡單	沒有感覺只有做	如今感覺真是多
忘了都是來報恩	上天考你做付出	卻是不願也不甘
如何才能齊家好	沒有感覺才是好	望你能把齊家做
明白小愛做大愛	人生是要他們敬	做好齊家他人承
未來天盤看齊家	放下得到你要會	只要此項做得好
家財讓你做大愛	快快回完不輪迴	未來都是好命人
祝我八方學功課	功課在此祝你成	祝你成

佛祖的意思是說齊家的功課很簡單，只要照著做法去做就可以了，但是，我們總是感覺多到不行，不願意多做一點或者做了對的事情還要他人理解，結果就是先生要太太多體諒，太太要婆婆更包容，婆婆要孫女、孫子更聽話，人人都有自己的想要，就是感覺太多，才須要這個那個的，角色不做才會須要他人體諒；因為自己做不好，總是把責任怪到他人身上，怪不了的就有更多的藉口和理由。我們之所以會成為一家人，都是有著極深的緣分，而這個緣分是要讓我們學習不同的付出及得到，得到再放下。但是，這麼深遠的道理，能明白箇中奧秘又做到的人真不多，所以歡喜八方這個方便法門告訴你做法，你只要做到就可以放下，那麼到底要做到什麼呢？就是齊家的步驟。希望我們盡快明白如何能沒有感覺而照著做。

　　每一個人來紅塵都是在做前世或者累世未完成的功課。何謂未完成的功課？就是「修身」、「齊家」、「治國及平天下」，我們不斷地重複做著「修身」、「齊家」、「治國及平天下」，好比我們從小到大都得學習國文及數學。修習國文，如果字寫不好，作文時就會被扣分，九九乘法表背不起來，算術算得慢，數學成績就不理想，這時

你仍然不認真想方設法將字練好,將九九乘法背熟,那麼每次碰到這個課題就得重修,人生功課也是如此;倘若你在齊家過不了關,就會一次又一次地發生同樣的人生關卡。

在受理諮商的過程中,大部分的人都是因為齊家功課沒做好而今生再來重修,有的是夫妻關係,有的是親子關係,有的是婆媳關係,更有的是自身的女人特質或是男人特質沒做好。所以當我們碰到人生關卡時,一定要仔細反思自己什麼地方做得不好,才讓自身的運勢盤停滯不前。

有位訪客,心善良,人也好,對待公婆也孝順,照理說她應該不會遇到婆媳問題,該做的從沒怠慢過,假日活動都會帶著老人家一同出遊。但是,她有憂鬱症,外表看似圓滿的關係,其實內心始終有個結打不開。原來自己是家中最小的媳婦,還有二位姑姑及一位大伯,二位姑姑都算得上生活穩定、事業有成,哥哥更是有名的建築師,就自己的家庭最不爭氣,還在租屋過日;儘管如此,對待公婆該出錢出錢,該出力出力,她從不落人後。大姑總說公司忙,小姑的先生是外國人,無法與老人家溝通,大哥的太太脾氣不好,也就不用陪老先生、老太太,公婆的事似

乎順理成章地落到她頭上，她心想怎麼每次都要我做，是不是自己好說話，才做得比其他人多而且他們還認為理所當然。長期下來就得了憂鬱症，她老是逢週六、週日盡孝道，週三、週四就打電話向我倒垃圾：老師，我怎麼辦？

我想時間到了吧？！平時勸她，她都聽不下去，那天我對她說，妳的功課不是考驗你與公婆的相處，而是你是否心甘情願去做；當你真的心甘情願的那一天，這個功課就結束了。這回她聽懂了，果然不到三個月公公離世了。功課就是你最害怕也不願去做的，既然你都做了，何不心甘情願，開心接受！

2、齊家，每個人的科目不盡相同

很多訪客的功課都是做齊家，說是齊家，但每一個人的科目卻又不同。最近剛好有一個姐妹來找我，女人向來問的都是婚姻及感情。妹妹問我：我先生最近開公司，不知道未來好不好？我看著她並反問：你覺得那兒不好？她說：就是先生愛喝酒。我說：哎呀，真的不好呢！我又問她：那你怎麼做？這個妹妹很可愛，她說：我罵他，可是他都不聽，煩死我了。又是一位得做齊家功課的女人！她

不太有耐心，在與她談話時，我便感覺到她一心只想詢問如何能讓先生不去喝酒。我雖然知道她想要我開一張符，或者利用法術讓她的先生不去喝酒，但本法門的宗旨是傳達並教導大家做功課、做天道，不是收妖的；因此，除了向她介紹歡喜八方的課程，希望她能透過上課學習女人特質以外，我還告訴她擁有幫夫運，先生會因為她的幫助而從此大翻身。於是，我建議她學習與先生工作相關的專業技能，未來才能夠幫助先生。希望她有足夠的耐心，走完人生功課的過程！

3、無須想太多，做就對了

你有聽說過一家子都是神經病嗎？你有看過全家都是賭徒嗎？或者全家有八口人，卻分開住在八個地方？明明有家，卻是家不成家。

最近看了一齣大陸電視劇，一對姐弟從小在孤兒院長大，姐姐小時候就被領養到國外，長大後頂著國外一流大學的文憑回到中國發展，回到中國，不僅僅是為了工作，其實是為了把弟弟找回來。弟弟因為腦子有問題，無人願意領養，最後是一間敬老院的院長收養了他。當姐姐找到

他時，發現弟弟的腦子有問題，不由得想到自己的腦子莫非也有問題？看著弟弟的模樣及行為，她發現自己也有著同樣的過程，只因為在國外長大，環境讓她學會自力更生，生活讓她學習獨力並且必須控制自己的思想及行為，她努力讀書，希望在異地能出人頭地，之後回國必須把弟弟找回來；這樣與親人團圓的目的，讓她成為頂尖的商業奇才。當她找到弟弟，看著他吃飯時的自言自語、害怕與人親近，害怕的發抖，她想到自己也曾是如此，只是她怕旁人知道她的不安，所以總會拿本書放在飯桌上，陪她一同度過心中的不安。她用很多方法來控制恐懼與害怕的心理，讀書、學習、不與人分享生活、學習享受孤單等各種方法。儘管如此，她心中的不安全感從未消失，直到她看到弟弟，不禁又喚醒在成長過程中深埋已久的內心世界。

　　她開始亂想，其實自己也和弟弟一樣，她可能也是一名精神病的患者，只是她可以控制，就這樣反覆的想著過去……想著她可能也是個神經病，想著神經病是不是會遺傳，因此她拒絕她的男友和她求婚，不去上班……。想什麼呢！很無聊，不要想就行了。劇情的最後是她的男朋友告訴她，不用再想了，因為她很努力的去做，協助她回想

她的努力過程。所以沒有神經病這件事。當然電視劇最後就是大團圓了。神經病就是無法控制的想太多了。我們不要只想而是要去做，起身做才可以改變自己和改變你和家人的關係。那怕是一個小小而又固定型式的簡單餐敘。

4、快樂做齊家－圓滿自己也要圓滿別人

　　你看過一家子都是神經病嗎？我看過，真是太可怕了，影響三代呢！父親年輕時很辛苦，靠著小吃撐起一家四口，小孩都很爭氣，從小就乖，功課也不錯。姐姐畢業於國內一流大學，人長得漂亮，從小就有眾多追求者在家門口排隊；弟弟也算是優秀，雖然成績表現不如姐姐，但是很聽話，是爸爸的小棉襖。爸爸想著姐姐日後嫁給有錢人，弟弟娶個一樣聽話的好媳婦，日子就算熬過頭了；但是，計畫總趕不上變化。

　　姐姐愛上了一個家無恆產的窮小子，父親一氣之下便斷絕父女關係，連姐姐的婚禮也不出席。是誰斷了他一生努力的盼頭，臭小子就是你，爸爸開始想盡各種方法，羞辱這個奪走他希望的女婿及他的家人。姐姐愛他的父親，但是她無法理解父親為何阻止她與愛她的人結婚，女兒承

父,一樣有著父親的壞脾氣,而姐姐更生氣的是從小感情就好的弟弟竟暗中打姐夫,只因為聽爸爸的話!日子還是在過,時間還是在走,這中間的鬧騰沒一日消停過,而這一鬧就是三年。這三年,姐姐也生了一個女孩,那個爺不疼孫,或許可以帶著孫女回家探望爸爸,請他原諒。沒想到,爸爸非但不原諒,甚至口出惡言:你們不得善終,不會有好日子過的。姐姐氣壞了,沒想到從小疼愛自己的爸爸竟說出詛咒子孫的話。姐姐很爭氣,衝著爸爸的這句話,衝著爸爸的瞧不起,一再告訴自己要過得好,要和先生一起白手起家,成為你想像不到的有錢人。

　　二十年來不斷的鞭策自己,要求自己必須成功,要過上有錢人的生活。而當時被父親詛咒的孫女也一樣,未來也必須是人人稱羨的富家女,即使沒錢也要送到國外求學,初中二年級時就送到了美國,自己則是大陸、美國二地來回跑,十年的光景,身體及心理已經不堪使用了。母親受不了父親的固執,早年就離家自己獨自生活,但因為放不下弟弟,六十好幾了仍在工作,希望能多存點錢留給弟弟。自從她離家,爸爸所有的希望都放在弟弟身上,那種感覺就是自家人在較勁。弟弟從此更是爸爸所有的希望,

終於忍受不住，也離家了，爸爸受不住打擊便回老家了。姐姐的日子是一天比一天好過，女兒也回到身邊，結婚並生了一個男孩，看起來就是人生勝利組。但是，長期的自我較勁、不服輸，身體及心理都生病了，曾經也放棄過生命，自殺成了她唯一可以放鬆的方式；她的女兒、先生全都得配合她的努力，否則一次又一次的自殺，誰能受不了。

在她的內心深處，就是想得到認同，爸爸能認同她嫁了一個好對象，先生能認同她的努力，女兒能認同她的栽培，婆婆能認同她的孝順，她所做的一切都是要他人的認同。可惜的是她只努力做事而忽略做人，除了先生及女兒，過去的故事壓根兒改變不了，她的父親不原諒她的背叛；她的母親不論她多麼努力買房送她，甚至給她錢，母親依舊偏心弟弟；她的女兒也就是嫁了一個普通人；而她的先生雖然疼愛她，但看到她和自己的親人疏遠也感到痛苦，她一手包辦年節的家宴仍然得不到婆家的認同。她這麼努力的過日子，為何終究得不到親人的認同？

在外人眼中，她只是在表現自己，並未做齊家的功課，雖然在家庭元素中全都具足，有房、有車、有錢、有女

、有孫、有先生、有婆婆，但就是缺少人的溫暖及溫度。她只管把自己做好並且不能走上爸爸口中的不得善終；她拒絕旁人的關心，誰對她多一點關心，在她眼中都在挖她的舊傷；她拒絕與先生及女兒以外的人交流，她沒有朋友。在外人看來，她就是一個神經病，一天到晚什麼事都要做到最好，一天到晚什麼人都討厭，一天到晚一下生、一下死。女兒最後受不了，得了憂鬱症；婆婆受不了不敢惹她，住在一起像是客人一樣，冰箱的食物也不敢多吃；先生的兄弟姐妹不敢回家，就怕她與兄長起爭執，每次鬧起脾氣，她就把自己鎖在房間裡。一個長期只把自己做好，只管自己的感受，縱使做到讓人無法詬病，依然不圓滿。

　　這是我在大陸聽到故事，也就是茶餘飯後聊起的故事。倘若以天道的角度來看，這個人是自私，但如果以角色來說，這個人又把自己的各個角色做得很好。她的朋友問我：這事該如何解？我笑著回她：做齊家，不只是圓滿自己而已，也要學習圓滿別人，她才會快樂。何時懂得圓滿身邊每一個人，何時立定成佛。

(三)齊家的步驟：角色、反省、關係、家規

1、角色－齊家首部曲
(1)做好角色，沒感覺

　　齊家的第一步，就是角色，我們要知道在家的角色是什麼，才能得知做法，而將自己的角色做好，當你認真且專心地做好角色，就能明白何謂沒感覺。

　彌勒佛祖示
　齊家角色要明白　全是要你要聽話　現在每人不愛聽
　自己意見大過天　只要聽話好好做　齊家功課能做完

　四面佛祖示
　角色做好沒感覺　做好角色本應該　如今都是該不該
　活該離婚沒家在　若想幸福又美滿　角色學習再改變
　未來齊家天護持　繁衍子孫樂融融

　觀音佛祖示
　男女特質是基本　再把五倫關係做　如此一心做角色

> 未來好命又開懷　望我八方做角色　開心不求自己成
> 祝我八方做角色　未來好命樂開懷

　　佛祖說，齊家最重要的就是角色，在本書的第一章「修身」中提及許多角色的做法，如果我們能照著做而不要有太多感覺，一定能做好。做角色就是得學習沒感覺，將所有角色的做法深深印在腦海中，才不至於受他人干擾。然而，往往最重要的卻是我們最做不了的，往往最簡單的也是我們做不了的，因此，現在只要懂得把角色做好的人，上天都會給予護持。

　　角色之所以重要是因為它能對我們的下一代產生潛移默化的影響，佛祖說過，以身作則是傳承中最重要的做法。如果你想讓下一代比你更出色，更好，除了做好角色，別無他法。加油，角色最簡單，它是我們從小到大一直在學習的課題，小孩別做大人事；大人別像小孩一樣不懂事；女人要像女人，要溫柔，男人要有男人的責任感與膽識。角色就是這樣，它會時時刻刻提醒我們做好角色，因為做好角色就是做人的基本原則。

(2)你的角色，做對了嗎？

　　一位訪客讓我記憶深刻，五十歲上下的女人，風韻猶存，小巧可愛，兒女都二十多歲了也不用她擔心，先生的工作也很好，是一間大企業的高級主管。婚後就讓先生捧在手心上過日子，不曾上過班，幸福又美滿。可是有一天她發現先生和一個女人傳Line而且十分熱衷，過了一段時間，她忍不住問了先生，這是怎麼一回事？一開始先生說只是認識一位談得來的女性朋友，後來卻將生活上的點點滴滴都與她分享，她覺得真奇怪，我是你太太，你應該分享的人是我才對吧！於是，她就偶而小小鬧一下，或者說話消遣他。她說，從來沒有受過這樣的委曲，一直以來先生對她都很好，隨她想做什麼就做什麼；又說起先生年輕時追她的模樣，開心中又帶著含蓄。我心想曾經費盡心思追求的太太，又有經營二十多年的家庭，怎麼可能輕言說分離呢？於是我開始繞著話題問她與其他親人相處的情況。賓果，她與先生的親人相處是有問題的，雖然在先生開始結交女性好朋友後，她與婆婆的感情反而變好，她說得不多，但過去的經驗告訴我，她就是家裡的公主，一直以來都過著幸福又快樂的日子，從未想過自己的問題在那兒

原來她是女人也做女人，卻未將女人特質的角色做好；先生疼愛她，從不要求，時間久了，先生已經忘了原來她也會隨著年紀而不再是他當時的小公主，而先生要的也不是當時的小公主。她很聰明，我告訴她何謂女人特質，她一下子就明白了，現在回家重新好好做女人特質，希望能將婚姻挽救回來。

(3)角色該有角色的樣子，開心去做

　　齊家的角色還包含傳承這個重要又深遠的意涵。你是爸爸就得像個爸爸，你是媽媽就得像個媽媽，你是孩子就做好孩子，而祖父母就要有老者的樣子。一位朋友來找我，掀起了頭髮讓給我看，結果頭頂有一個約拾元硬幣大小的頭皮，我第一次看到這般情景，忍不住叫了一下，瞬間意識到自己太不禮貌了，慢慢地我吸了一口氣問她：壓力有這麼大嗎？有去看醫生嗎？發生了什麼事？她說看過醫生了，醫生說這情況就是壓力大又睡得不好，不是長期造成的壓力，是突然的壓力。我仔細問她發生什麼事了。她說女兒前陣子訂婚，事情多就壓力大，其實這個朋友的女兒很優秀，年紀輕輕已是大公司的小主管了，薪資高又孝

順，人長的漂亮又聰明，這個女兒真的是來報恩的。

這女兒就是太優秀了，平時和媽媽的角色全反了，女兒像媽媽一樣叮嚀媽媽，加上母女兩人都沒籌辦訂婚的經驗，意見又不同，做媽媽的反而一天到晚被女兒指責。為了讓事情圓滿，朋友處處忍著，壓力大到不知不覺地掉了頭髮。我那朋友平日就沒有個母親的樣子，傻里傻氣又口無遮攔，活到五十多歲還像個小孩子一樣要人擔心。

我常告訴她，什麼角色就要做出什麼樣子，她聽不進去，反而回我這樣和女兒才親近；現在家中逢大事，她卻一點地位都沒有，我可以想像未來她的孫女也會對她沒大沒小，如果她依然不改變，肯定是越老越受氣。

角色做好，很重要，開心的把角色做好更重用。

2、反省－齊家第二步驟

齊家的第二步，就是反省，反省自然就是改變自己。在第一步驟中，你已知道角色及做角色該有的態度，現在你要做的就是努力地改變。

(1)反省最重要的就是改變

彌勒佛祖示

不用想太多　就想自己想　想你做什麼　想你對不對

不對都要改　就是反省做　祝我都反省　日後賢能成

四面佛祖示

反省改變你做到　只要讀書和經驗　過去之事不要犯

未來之事來準備　如此改變天助你　開心全家樂開懷

觀音佛祖示

改變做到才是反省　抱怨要求不是反省　說到做到你做反省

不管他人你做反省　不設未來做好反省　從此開心一家反省

沒有問題只有關懷　反省關懷從此開懷　祝我八方反省開懷

　　佛祖們的意思是說，反省很容易，低頭就可以，但是改變做到極不容易；我們之所以做不到皆是因為習性，什麼是習性，習性就是累世造就來的。好比說，你的前世是一位不識字又不學習的販夫走卒，今生學習讀書就得比他人更加努力，這就是過去的習性及沒有經驗的累積。我還曾經諮商遇到的例子是，連續好多的前世年紀輕輕就離世

的小孩，沒有長大成人，也沒有過婚姻的經驗，在今生的就不知如何和另一半相處，也對婚姻的經營完全沒概念，甚至對婚姻的觀念是只是二個人在一起生活。累世的經驗不只有難以改變的習性，還有曾經沒有的經驗要在今生學習並改變，而我們能做的只有努力、再努力。

反省最重要的就是改變，改變須要勇氣及堅持，如果你能依照角色的做法去改變，未來除了有好運勢外，也能得到他人的敬重。

(2)真正的反省－面對自己、真心改變

你想要一個圓滿的家就必須反省及改變，勿抱怨、莫計較、要開心，因為得到最多的是你自己。

有一位很固執的朋友，建議她加入歡喜八方的課程學習，總得催一催，她才動一動，嘴巴上說著要改變，但碰觸的原則時，她又不願意低頭。她是一間上市電子公司的採購人員，官不小，氣也不小，交朋友也得看上眼，她才往來，因此沒什麼知心朋友。透過一個朋友輾轉結識她，她覺得我是一個可以交往的朋友，何其有幸啊！她常掛在嘴邊：喂，我不是隨便交朋友的耶！我總是回答：可是我

是很隨便交朋友的耶。她很愛找我聊天，我也就一聽一回。

她一個人在台灣照顧二個孩子，先生在大陸工作，也是從事電子業。有一次過年，她邀請我去陪她，我覺得奇怪，她先生呢？她說先生去美國陪婆婆了。咦~~怎麼你不用去？她說，我不認她是我母親。哇~~真行，嚇我一跳，高知識分子怎麼可以說出這樣的話！我小心翼翼的問：你先生可以接受嗎？她很氣憤地說：是她不接受我，又不是我不接受她。原來結婚時，婆婆嫌她家世不好，說了一些難聽話，她到現在還無法釋懷；雖然結婚十多年來，試著幫忙處理婆家在台灣的房產，但只要雙方有一點點不同的意見，她立馬又想起結婚時的難聽話。總是抱怨婆婆多麼看不起人，還說我是嫁她兒子，又不是和他們家結婚。於是，結婚多年來，過年節時，總是你回你家，我回我家，真不知娘家父母如果都不在了，那兒才是她的家？其實她人很好，心地善良，平時碰到協會有需要，她都盡心盡力的幫忙；她的觀念是誰對我好，我就對她好，總要先看別人對她的態度。她的工作很忙也很累，教育子女的觀念就是用錢換取他們做事，我想她可能也是聽某個親子專家的

吧。她覺得在國外，孩子需要零用錢得自己去賺，因此她把家事都分配給二個孩子做，孩子做任何事都能收錢，連整理自己的房間也有錢，她說這雖然不是好方法，但是最有效的方法，總是有一個好理由讓自己下台階。

其實她知道自己有些做法不對，但面子太大，低不下頭，總是替自己錯誤的觀念找一個合理的結論。師父總是說蓋棺論定，怒氣、怨氣都是我們學習改變時最大的阻力，也是改變自己最大的敵人。

面對自己、真心改變才是真正的反省。

3、關係－齊家第三步驟

齊家的第三步，就是關係；何謂關係，即夫妻間的相處、原生家庭與再生家庭間的相處、人與人之間的相處。只要關係做得好，善緣會善了，惡緣也會善了。

彌勒佛祖示

關係都是姻緣來　何來再次來說明　記得何來再說明
就是什麼都不說　想要關係首先做　沒有比較沒聲音
次要不要再評批　就是不說也不怨　如此關係照著做
至少無怠再要求　好好做好關係事　夫妻從此不再昏
親子不再來吵架　婆媳都是好相處　姑嫂客氣又禮貌
關係做好婚姻好

四面佛祖示

不多不說也不做　不管不鬧也不要　想想何事做到好
就是相處不要吵　再想何事不要鬧　就是金錢不要鬧
是你要得天注定　非你要得我注定　所有都是因果緣
不如隨心開心做　關係做好沒因果　祝我八方果實香

肆：齊家

> 觀音佛祖示
>
> 關係真是很重要　全是智慧再學習　如今天下無智慧
> 錯把自己大過家　智慧智慧關係做　祝我八方智慧得
> 未來滿足和放下　開心結下好善緣　從此好命累世成
> 再做傳承功德圓　祝我八方要開心　關係做好功課無
> 只要功課做完成　累世來世無世都是成

佛祖的意思是所有的關係都是有原因的，累世的原因，你看不著所以不用想為什麼，因為都是前世和你或者和你家人的姻緣，有的是善緣，有的是惡緣，有的是共同來過關，通常越親近的關係都是共同來過關的，所以，對於「關係」的做法就是多做少說。

(1)善緣善了，惡緣也善了

二個來自不同文化背景的人要共同生活一輩子，除了得適應不同的生活習慣，還要適應各自的家人。佛祖的題詩已清楚告訴我們，得學習沒感覺，做就可以了。但是，我們是不聽話的，總愛有自己的意見，舉例來說，女人對婚姻的憧憬比男人美妙得多，總會勾勒出一個美好家庭的畫面，一家三口和樂融融，一個窗明几淨的居家空間。因

為對家庭設定了刻板印象，所以婚後就會說得多，也做得多。

我認識一對夫妻，先生高頭大馬，太太嬌小玲瓏。太太很喜歡穿全家福，總是買了一些粉紅、粉黃的 T 恤，太太穿起來顯得粉嫩嬌美，先生則是突兀不協調，雖是全家服，卻將先生個頭的缺點全表現出來了。先生很不高興，但對於太太的有心也一直配合演出，只是時間一久，太太對於她那美好的家庭畫面不止做得多，也說得多。先生向我抱怨住在家裡和住飯店一樣，洗完澡得立刻將水漬擦乾；太太在家就不斷地拖地，對於先生工作的書房更是叨唸到不行，當然最後二人還是離婚了。其實這個故事和關係只做不說並不特別相關，但是卻和佛祖說過的「個人修個人」有著相同意涵。雖是親密的夫妻關係，也得彼此尊重並給予空間改變。

(2)夫妻之間沒有溝通，做就對了

　　我有一位學生氣呼呼的打電話給我，一開口就說，老師，我要怎麼辦？我先生都無法溝通。一般人都認為夫妻間要溝通，專家也如此說，其實不然，老一輩的夫妻都不溝通，男人做男人的事，女人做女人的事，離婚率卻很低；現在越溝通越會離婚。學生說完後，我慢慢對她說，師父說夫妻間沒有要溝通呀！她聽我說完，發呆，停了很久才問我，老師，我不懂。我笑著說，你不是有聽課，佛祖教我們只要做女人特質及男人特質，並沒有要我們溝通哦。

　　所有的關係都只要做，做好自己的角色。

(3)不多說、不多做、不多聽

　　歡喜八方的課程除了要我們把自己的角色做好外，對於上下的關係，即婆媳、妯娌、姑嫂等的做法，也說明得十分清楚，那就是不多說、不多做、不多聽。不多說的意思是人心複雜，你說多了是八卦，你說錯了成了是非，說對了又不關你的事，不如不多說。不多做，則是做了日後全是你的責任，你擋人學習了；少做了，讓人在後頭批評

你做事沒做完，所以你要做，必須有人開口才去做。那個人是誰，當然是先生或太太，自己的家人最清楚你要做到什麼地步。別人要你做，你做了，那可不是人情欠了你一份，日後還得感謝你呢！不多聽則能少心煩意亂，少多管閒事，只要將交付的事完成就可以了。

我有一位朋友嫁到澳洲，前陣子帶未滿一歲的孩子回台看看老朋友。我問她嫁給外國人感覺如何，她說，婆媳關係無國界；不過她是個聰明的孩子，除了先生信任她之外，她就是該做的做，不該做的就不做，不隨著婆婆的情緒起舞，也不聽婆婆話家常，而她用方法就是英文不好聽不懂。

4、家規－齊家第四步驟

齊家的第四步，就是家規，這是眾人最不在意卻是最重要的步驟，因為它關係著傳承，你做得越好，哈~~~上天給得才越多。

彌勒佛祖示

書香世家有家規　販夫走卒有酒規　商人作價有商規
請問你有什麼規　有規有矩是你得　沒規沒矩事事無
雖是最親一家人　規矩定出親近成　祝我八方做規矩
五綱倫常心中固　脾氣衝突不相爭　和氣生財萬事成

四面佛祖示

傳承多重要　都在規矩定　家規多重要　都是傳承做
只要能做好　都是功德算　世代做得好　功德累不停
望你真明白　規矩做傳承

觀音佛祖示

莫要害怕做規矩　都是替你打分數　學習做出不容易
能做都是智慧人　望你明白做家規　人人守成家規成
後代子孫共享榮　全是家規功勞圓

(1)家規就是替傳承打分數

　　佛祖的意思是每一個組織都有規矩，而那個規矩就是相處的方法，規矩定得越多，越能知道如何相處，相處不

是吵吵鬧鬧，而是彼此達成共識的模式。這個模式不但能建立共同的觀念，還能訂定共同遵守的方法。

　　訂定家規極為重要，它就是讓人改變的規則，但每個人都有自己學習及改變的方法，所以天規尊重每一個人、每一個靈魂，不同的人就會有不同的方法。因此，佛祖們用小組織也就是家庭來圈出一個範圍，用一個圈圈的標準來打分數，而每一個小圈圈所訂定的規矩就是家規。家規如何訂定，由你們自己去做，不過在這裡提示各位，規矩的分數完全依傳承的結果而定，所以只要是好的傳承，都可以定在家規中。說得再明白一點，不是你做得好就可以了，而是要看你的子孫做得好不好？所以家規就是替自己的傳承打分數。

(2)家和萬事興

　　齊家最後一個步驟就是家規。師父說家規就是做人態度具體的規範。下對上的「敬」很重要，如果不懂如何做「敬」，那就要定規矩，例如子女每日出門得向父母問安，在家不可以大聲說話，不回家吃飯得事先告知，以免讓父母親等門或為你準備飯菜了，這些都是有關敬重的規矩

。夫妻吵架有隔夜氣，吃飯時發出聲音等行為極可能會影響他人的情緒或作息，或是增加他人的負擔，都是不敬重的行為。此外，上對下應有的包容及慈善，也得定規矩；子女做了何事會被責罰，何種情況有機會改過，這些原則都得說清楚。有些父母認為小朋友調皮搗蛋點無所謂，但就是不能說謊；有些父母可以接受小朋友書讀不好，但不可以做壞事，不可以變壞；有的婆婆願意幫媳婦帶孩子，但不會幫孫子洗澡；有的婆婆可以替媳婦做飯，但不願意打掃或洗碗。這些就是上對下的慈善及包容，得要說清楚。至於平輩的相處就是和善的態度，有的家庭會規定父母親生日時，全家得聚餐；有的是過年節得團圓，這就是和善的規矩。

　　倘若家庭沒有定這些規矩，家人間極易產生摩擦而有了疏離感，不夠親近，師父說過，家人間缺少共同的行為與相處的時間，怎麼可能會親近呢？師父還說，家和萬事興，家是我們的根本。只要有家的觀念，想有一個美滿的家庭，一切的道理，相信你們都會努力去完成。師父說：大家加油了。

(3)家規，家家要有

　　我因為通靈的緣故，認識一些社會地位還算高層的朋友，他們總喜歡請我吃飯或者與我聊天。我有很多學生跟著我學習通靈，有時我也會帶著學生和他們一起吃飯、聊天。除了吃飯、聊天、看風水或者問事，只要學生們想學，我都會給他們機會跟上。不過，我還是會挑有禮貌、懂進退的學生陪同前往。

　　有一位學生我特別喜歡帶他出門，他很有禮貌，吃飯時不急不徐地慢慢吃，說話輕聲細語，對我的朋友也是禮數周到，只要吃完飯他會立刻站起來送客，不論他吃完與否，吃飯時也會幫我夾菜，不失了禮數，當我在和客人說話時，他就靜靜的聽並且微笑點頭。我喜歡帶他出門，因為他很有禮貌。

我的家規特別注重飯桌上的禮儀,所以我和我的學生一樣,剛入社會時,主管也喜歡帶我出去學習,我的經驗因而比別人多一點。但是,在印象中我的父母並未教我說話得輕聲細語,我以為人與人之間說話都須要清楚大聲,所以當我長大後與人相處,有時得罪人也不自知。家規能夠反應你們長大與人相處的模式。

另外,我家還有一個家規,不可以鎖房門,小時候不知是何原因,父母的規定也就只能接受。長大後自己有了女兒,這才明白,不可以鎖門是因為安全顧慮,小時候不能鎖門是怕小孩將自己反鎖在屋內而發生危險,大孩子不能把門反鎖則是擔心他在房內作怪。

有一位母親來訪,希望我能看看她兒子怎麼了?她兒子從國中開始就每天躲在房間不肯出來,每天打電腦,剛開始時還會去上學,演變到後來拒學,每天待在房裡,吃飯、上廁所也不出來,把他的父母氣瘋了。我到他家時發現房門上破了一個大洞,一問之下才知是讓斧頭劈了。不止這個案例,在大陸也有一個朋友,兒子也躲在房間不出來。我就覺得奇怪,怎麼孩子會這麼大膽,敢如此做,原來就是從小沒給規定。我女兒從小也不准鎖門,記得她國

中鎖過一次門，被我揍了一次，就沒見她再鎖門了，也就不可能發生關在房間不出來的事了。

　　家規未必僅限於禮儀規範或品格養成，也能因為安全考量，或是引導孩子未來規劃而定下家規，儘管個人有個人的看法、各家有各家的規定，但是一定要有家規。假若真無頭緒，不知從何定起，不妨參看朱子家訓及曾國藩家訓。

(4)齊家，用心經營才有幸福感

　　這二年在大學修了關於家庭教育的學分。我總琢磨著不應只是透過通靈傳達師父的智慧說法，應該透過其他的學問來驗證歡喜八方傳授的道理做法，如此才能獲得更多人的認同，得到更多共鳴。這二年的學習除了讓我學習到讀書方法，讀起書來更加輕鬆之外，更讓我深刻地感受到齊家功課的重要性。我想與你們分享，齊家實在真重要，得用心經營才能有幸福感。凡走過必留下痕跡，你自己能明白察覺到因為做足齊家的功課而更有智慧，真如佛祖所說，老天爺慈悲，早就在每一個人的人生過程安排了成為佛祖的學習過程，當你有感到幸福時，當你有智慧時，原

來放下竟是這麼容易,真的是如此,歡迎大家一起來試試。

☆自我反思一下

齊家的四個步驟：角色、反省、關係、家規

男生特質有四個：認真負責、談吐溫和、樂觀進取、果斷精神

女生特質有五個：溫柔婉約、賢良淑德、相夫教子、灑掃進退、內外兼顧

1. 你覺得男人特質1～10分你有幾分？

2. 你覺得女人特質1～10分你有幾分？

3. 請反思各項特質做不到的原因是什麼？

4. 在家庭關係中，你覺得什麼關係最不好？

   1、夫妻關係 2、子女關係 3、妯娌關係 4、叔伯關係

   5、岳父母關係 6、公婆關係 7、自家兄弟姐妹關係

   8、父母關係（請依序排列）

5. 依上題，請反思不好的原因是什麼？並且要如何改進？

6. 在家庭中最重要的規矩是什麼？（可複選）

   □飯桌禮儀　□去哪裡要互相告知　□注重禮貌

   □在乎誠信　□不可晚起　□家裡要整齊清潔

   □家族聚會要到　□不可大聲喧嘩

   □家務工作分擔合作　□敬老愛幼

7. 你認為家規重要不重要？□重要　□可有可無　□不重要

8. 你認為最重要的家規是什麼？為什麼？而你是如何引導家人遵守家規？

第伍章、治國平天下

一、「治國平天下」是人人必學的功課及智慧

「治國平天下」在中國古代是專屬於讀書人與皇帝的功課，而今由於時代變遷，已是每個人都得學習的功課及智慧，但凡你有家庭、手足或朋友，你想幫助他人，你想做功德、做福德，都得學習「治國平天下」的智慧。「治國」意指做法及想方設法去執行，「平天下」則是治國應具備的態度，倘若治國的態度不正確，那麼「治國」的結果也僅是利己罷了。

我有一個妹妹，十年前中風，我覺得她既辛苦又勇敢。她才四十三歲就中風了，所以我總想協助她實現無法完成的人生願望清單，能幫一點是一點。我因為工作得時常四處出差，尤其大陸，人親土親，語言相通，我都想帶著她一同前往。剛開始時，心想著我是姐姐，照顧她本是我的責任，但時間一久，漸漸覺得不開心了，有時想到其他的兄長未分擔旅費，有時覺得有壓力，有時又心疼妹妹；因此，偶爾受心情左右的我對她忽冷忽熱，惹得彼此不開

心。猶記得當時在大陸搭高鐵，一時間忘了顧及她的不便，沒多為她著想，竟害她差點在月台上摔跤，結果我卻責怪她，你不知道自己不方便嗎？怎麼不走快一點，老是讓人等，還好有姐姐在一旁緩頰，鬥鬥嘴也就沒事了。儘管如此，當下我已知道自己的態度不對，說是幫助、照顧她，但卻不開心，因為有了責任的壓力。有一次我去加拿大，囿於經費有限，未能攜她同行，心中很不是滋味，真想她同去。我覺得對不住她，未能照顧好她，她的人生有遺憾，我卻還不帶上她。我在加拿大打電話給她，向她道歉，請她原諒，受限於經費，只好自己獨行。她告訴我，不用在意，她也不適合坐長途飛機，以後只要離開亞洲，她不會隨同前行，我也無須顧慮她。經過這次的溝通，我每次都很開心帶著妹妹一起出門，開心去做真的很重要。

二、「平天下」牽一髮而動全身

　　從上節中我們已知「治國」是做法及想方設法去執行，「平天下」則是治國的態度。那麼，現在說到「治國平天下」，便不得不從「平天下」談起。「平天下」到底是何方神聖，竟然有著舉足輕重的地位？

　　古代的帝王都在做「治國平天下」，假若未具備平天下的態度，他心心念念的就只有自己的豐功偉業，不斷地攻城掠地，戰事頻仍，增加稅賦，置百姓之生死於不顧，雖是做「治國」，但缺少「平天下」的態度，終究導致民不聊生，百姓苦不堪言。「治國」要先具備「平天下」的態度，才能做好治國，因為君王有了「平天下」的態度，才會為天下百姓之憂而憂，為天下百姓之樂而樂，成為人人愛戴的仁君，讀書人也才願意輔佐君王「治國」，為國效力。

　　現今，「治國平天下」已是人人必學的功課及智慧，雖說一般人做「治國」，態度即使不正確，也不至於禍國殃民，但是，卻仍會得到相同結果，僅是利己，難以服眾，難以開心。

(一)「平天下」讓你既開心又可以累積功德

　　我想幫助別人，但缺乏智慧，不知如何做，過程中又缺少了和善、包容，雖是幫助他人，卻不開心。師父說過，只要不開心，功德就會遠離你。「平天下」的態度何其重要！它不僅與你在這世過得開心不開心息息相關，更是你來世有無功德的關鍵所在。

　　父母是否具有「平天下」的態度，直接影響親子關係，甚至擴及對家庭經營的態度並影響家庭經營的成效。父母與子女的關係皆是互相欠債而來的，不是你欠父母，就是父母欠你。如果父母能秉持著智慧、和善、慈悲及開心的態度對待子女，就不會再次發生相欠債的情形了。

(二)「平天下」的步驟
平天下共有四個步驟：智慧、和善、慈悲、開心

> 四面佛祖示
>
> 傳承都是有方法　全是都要再練習　未來天下你要平
> 開心智慧少不能　雖說天下是你得　要有智慧才會成
> 過程一定大和善　才可助你天下得　若說天下是你得
> 要有智慧做慈悲　慈悲是要有方法　就是自己做好先
> 莫忘智慧自己做　才有菩提有三層　一層做好自己先
> 二層教人做菩提　三是大願來完成　天下太平就會成

佛祖說傳承要用對方法，得不斷的找方法才能做到傳承，然而，我們總是習慣使用相同的方法，不多想其他方法，也不去找方法。事實上，做傳承最重要的方法就是以身作則，意即先把自己做好，把自己做好之後再引導他人做好自己，最後才是大願。如同父母養兒育女，身教不如言教，倘若想做好傳承就得先把自己做好。

1、智慧－平天下首部曲

平天下的第一步，就是智慧，在此非指「聰明」，乃意謂「大智慧」，何是大智慧，即利他又利己。

(1)利己又利他的智慧

彌勒佛祖示

佛祖都在學智慧　　學好智慧來幫人　　人生過程是智慧
所有經驗助你成　　智慧就是方法學　　讀書經驗來得到
眾人應看好過程　　無非讓你長智慧　　可要開心得智慧
一生困苦來世得　　莫把智慧當眼前　　生生世世好用成

四面佛祖示

智慧智慧無限好　　有人得到有人放　　全是自己學習心
才能看到智慧得　　要有智慧多讀書　　要有智慧經驗做
如此一生都好過　　智慧智慧你最行　　八方智慧反省看
八方智慧要做出　　你若開心做智慧　　我則護持學智慧
加油努力過智慧　　未來好命來世成

觀音佛祖示

人生不要太在意　　都是角色學智慧　　學得情關能圓滿
習得財關好過年　　不要不把智慧看　　它是你得功課做
只要能過智慧事　　助人助己又開懷　　有了智慧人敬重

伍：治國平天下

有了智慧地位高	有了智慧來世成	有了智慧好過年
智慧需要再冷靜	智慧不可有大氣	人生低調學智慧
守口隨機助人成	只要明白智慧事	傳承功課你就成
助你開心得智慧	一生好過年年年	

　　佛祖們在提詩中說得既清楚又淺顯易懂，希望每一個人都能夠認真學習智慧，當你的智慧越高，你的方法就會越多。

(2)做善事要親力親為，從中得智慧

　　我記得第一次辦理慈善活動，師父便要求我親力親為，雖然不懂如何親力親為，但是我向來聽話，也就使命必達，於是將親力親為當作學習的過程，開心去完成。那一次是為八月八日發生的八八水災而舉辦的賑災活動，水災發生當下，全國各地同時展開救助的行動，而我卻感應到「不急、緩緩」，於是，一直等到九月開學後才前往災區探訪。這是我首次以協會的名義帶領團隊所辦的慈善活動，總感到戰戰兢兢，不敢也不能出一點差錯。

曾辦過捐助活動的人想必知道除了物資的迫切需求外，更加需要一個能夠堆放物資的大倉庫，而我是外行人，壓根兒沒想到。活動發起後，物資大量湧入，已不是一個小小的客廳就能容納得下，亟需另尋較大的場地，剛好團隊的朋友有個正準備出租的空屋，在未出租前就先借給我們使用。我與當時的助教先行前往災區採訪，透過當地基督教團體的熱心協助，終於找到災區的救災總部。我從未有過救助災區的經驗，一開始以為救災就是把物資送出去，況且我還有師父在旁隨身指點，沒多想就開心的上山了。但是，沒想到一進入山區，我居然完全感應不到師父的點撥，只有自己，只得自己去做。

　　我記得到了救災總部，竟然不知如何開口，無話可說，對方看我約略是位菜鳥，便主動說出需求－米；但是，我看到現場已堆置一大堆米了，思忖著這麼多的米，約計三年也吃不完吧，索性虛應故事一番便離開了。我心想台灣應該不至於缺糧，這次的救災理當針對孩童，況且大人都去救災、重整家園了，孩童極有可能無人照應。之後我便轉而去當地小學訪視校長，並向校長表達捐助營養午餐的意願，但是校長表示已有慈善團體長期贊助，學童的午

餐及晚餐都能正常運作。隨後我的眼光飄向外面操場，操場上一片狼藉，高低不平，甚至被大水沖刷掉一半，校長似乎意會到我想說什麼，便接著說，偏遠山區的校園都是台塑企業長期維護及整建，這次受災後，台塑已允諾將派工程隊前來施工修復。真是為善不與人知！最後我只好又說：校長，您想外界捐助何種物資？校長有備而來地說：圖書。接著校長領我們往圖書館走去，一到圖書館，眼前所見真是令人驚艷，不僅書籍琳瑯滿目，更是排放整齊美觀，一點也不像小學的圖書館，宛若台北活動中心的圖書館，當下只覺得山區小朋友也是很幸福的，實在想不透為什麼還需要圖書捐助！

　　探訪山區至此，猶未了解災區所需物資究竟為何？真不知是要捐還是不捐呢？我們似乎在做錦上添花的事情。這時正與圖書館內的小朋友聊著天，原來這學校還有一個分校，深入於災區內，學生人數較少，全校僅有二個班，一班是低年級，一班是中高年級。聽說整個校區皆遭破壞殆盡，如今已停課，於是我們立即前往。我們一到分校，校園果真不見了，教室外都是受大水沖刷後的汙泥河道，映入眼簾的是高年級的學生幫著老師們整理校園，雖然校

園沒了，但孩子與老師們攜手合作，埋首收拾整理。他們說，學校不確定能不能再開始上課，本來學生就少，父母也不主張再讀書，如今學校沒了，孩子們剛好不用讀書……。小孩們七嘴八舌的說著學校的未來，卻一點也不擔心自己的未來，只想著幫老師收拾，看到這情景，我不由得莫名感動。我問他們，學校若要重建需要什麼呢？孩子很懂事，將老師請了過來。老師說，學校是不是會重建，他們無法決定，但他們知道孩子們得繼續讀書，不能等校園建好再讀書。如果我們願意捐助，他們可以立刻找學生到家裡或者到活動中心上課，把孩子們聚集起來照顧。老師說，山區的父母都忙著工作，平時不管孩子們，常是打包學校的營養午餐回家當晚餐吃，如果不開課很可能孩子們都沒有飯吃。老師說，他們需要的物資有內衣褲、衛生衣褲、大小毛巾、洗衣機（原來老師還要幫孩童們洗衣服）、軟墊板、書包、統一的運動服，以及老師上課需要用的CD。原來，我們想像的物資與他們的真實需求完全無關，米是村長拿去換錢後，再統一發錢給村民的，圖書則是學校參加教育局評鑑所需的；說到底這些雖然也是在幫助災區，但我認為充其量只能算是隔靴搔癢。我一回到台北，

隨即將物資需求重新整理歸納，以便提供符合災區實際需求又急切需要的幫助。

這次捐助活動圓滿達成任務，過程雖然辛苦，但透過親力親為，從中獲得許多寶貴經驗，收穫良多，實在令人開心不已。智慧真是重要，師父說做慈善要親力親為。「平天下」其實就是利己又利他的智慧，幫助了他人，也讓自己開心。

另一個案例是某個社團發起的冬令救助獨居老人活動，捐助3,000元購買物資，讓獨居老人過一個好年，於是協會加入響應，一起做善事。執行這項善舉過程中，協會特別要求參與運送物資，因為師父說，做善事要親力親為。雖然此次非協會自行舉辦，但仍須親力親為。協會委派資深幹部隨同前往派送物資，原本規劃一天親送五處獨居老人，後來只有送二處，原本的物資價值3,000元，但卻只約1,000元，經過了解才得知3,000元的贊助費用中，部分得分給勸募的志工。其實這也不打緊，付出工作換得報酬也算是合情合理，但總該事先說清楚講明白，於是我們決定退出並暫停募款活動。經過這次的經驗，我才瞭解善心人士捐助的款項並非全數交予需要受助者，而是包含行

政、人事、管銷等等費用。做善事要親力親為，真是重要。

2、和善－平天下的第二步驟

「平天下」要和善，未說清楚、未能互相理解就是不和善。

平天下的第二步就是和善，什麼是和善？即是尊重每一個人學習的過程，給予空間，不擋人學習，給予機會學習就是和善。

> 彌勒佛祖示
> 三界大開通靈門　除了敬重和善得　原因在於要度人
> 低頭和善才可成

> 四面佛祖示
> 若要別人聽　首先和善言　若要引度人　首重和善身
> 和善很好做　以身和作則　祝你要開心　以身作則身

伍：治國平天下

> 太上老君示
>
> 和善是要有方法　騙人瞎說都是成　只是莫忘目的做
> 助人利他才可為　未來人間要和善　才可事事要圓滿
> 圓滿之事首和善　不成也可結善緣　每人都有每人過
> 全是自己來經過　雖說想要不能擋　因此和善讓人成
> 助人生計要和善　教人智慧要和善　救人一命要和善
> 造福鄉里要和善　和善就是開心做　真心開心就是成

(1)傳承做得好，和善不可少

　　師父說，現在是末法時代，眾靈都想在這個紅塵修行以脫離涅槃，而普度眾靈，人人平等，都可以得道升天，所以，必須尊重彼此的過程，皆須和善相待。

　　其實我個人覺得「和善」最難，說起來有點像是別人打你的左臉，你還要將右臉給他打。但是，佛祖們說過，低頭是解決事情最好的方法，而和善就是讓一起做傳承的人都能感到身心愉悅的方法；況且「平天下」就是管理及傳承的態度，傳承要做得好，和善必不可或缺。

(2)和善的做法

我身為協會的理事長，除了推動協會的行政事務、引導學生學習道理及智慧，也須將道理落實於生活中，做到師父說的以身作則。但是，知易行難，道理都懂，要做到真的很難，況且做不到還以為都是他人的錯。我不太喜歡別人打擾我的生活，總覺得每個人都有不同的一面，好比每個人有著不同的角色，有時做角色，根本無須讓大家知曉，所以，我總會與學生保持安全距離，單純些，上課是上課，生活是生活。更何況我也不喜歡交朋友，人與人之間如果沒有距離，是很容易受傷的，再加上我的個性太直，得罪他人猶不自知，因而，與學生的關係長久以來便是我的困擾。

　　我對於人際關係向來是無為而治，無所謂的管理或經營，人與人之間說穿了就是緣分而已。就這樣，對於我的傳聞及誤會越來越多，我倒也不太在意，你們繼續說吧。反正人在做天在看，尤其我們是在學習的人，何必在意！直到有一天，有位與我親近的學生告訴我：老師，你知道大家都很怕你嗎？你的人緣很差嗎？在這之後就發生學生集體出走的事件。大家加入之初，不就是想來學習的嗎？怎麼現在不用學習了嗎？學習怎麼能說走就走呢？師父不

是說學習要堅持嗎？疑問真是多的不得了。

　　一段時日後，我才發現大部分的人是來找陪伴大於學習的，因此開始調整教學的態度及方式，除了協助更多的學生深入學習並成為授課老師，也開始尋找與人為善的方法，並檢討引導的方式。時而刻意避開學生，並執行分層領導與管理，學習分層負責，讓他們能有成就、有使命感；時而邀學生喝下午茶，聊聊近況，持續想方設法以和善的態度與人相處。不過，無論用多少方法表達和善，總是難以滿足所有人；漸漸地我終於明白，角色就是如此，無須過於刻意，做的又四不像，倒不如就依師父教的做法：不大聲說話，學習閉嘴、不要求，尊重每個靈魂成長的過程。

(3)和善得有智慧

　　和善的態度需要智慧判斷，過於和善極易讓他人得寸進尺，過於被動的和善卻又讓人感受不到。

　　以我來說，我與先生相處，就將和善完美體現，對待先生完全以和善為基礎。他大聲對我說話，我就回說：好可怕，我好怕你，我們不要大聲說話……諸如此類的話；

我和他不吵架，並且約定假使吵架也無隔夜仇。有時看他在滑手機，便故意捉弄他，他不理會我，我就會問他：你是不是不想說話？他點點頭，我就不會再和他說話。有時我也會告訴他：我不想說話，請你不要跟我說話。自從學習平天下的態度後，我們二人不曾吵架，說話的方式也改變了，將命令或肯定的語氣轉為問句，以表達彼此尊重及和善的態度，比如「你要不要吃飯？」取代「吃飯了！」；「你可不可以煮飯？」取代「去煮飯！」。

　　其實，過去在未學習道理之前，我們可是天天吵的，早已記不得何時開始不吵架了。那時我問他：我們以後會離婚嗎？他說：看你。我再問他：不用看我，是我問你，你會不會跟我離婚？他說：不會。我便回他：如果我們不離婚，那就沒什麼好吵的了，日後就用和善的態度相處吧！

　　當你的目的清楚，只要將平天下的態度落實到過程中，必定可以開心享受平天下的成果。夫妻天天生活在一起，怎麼可能事事如意？怎麼可能不吵架？不過，當你有了和善的態度，便能輕鬆又開心地經營家庭、享受生活。

3、慈悲 - 平天下的第三步驟

平天下的第三步，就是慈悲，何謂慈悲，即是替人著想，有包容力、有同理心、有智慧、有能力的去幫助他人。

彌勒佛祖示
慈悲不重要　智慧才是成
沒有智慧假慈悲　沒有慈悲真智慧　全看是否有貪念
慈悲才是好慈悲

四面佛祖示
慈悲需要自己做　有錢捐錢非慈悲　想要慈悲拿功德
學習引導才是真　未來慈悲有方法　都是引導功德做
只要多有同理心　只要明白自己學　慈悲只有在陪伴
慈悲只能有對象　明白對象做慈悲　才是真的是慈悲
莫要慈悲掛嘴上　真心慈悲不見人　學習低調做慈悲
自有佛祖記下心　祝你開心做慈悲　未來慈悲大願成
有了大願佛祖見　靈魂必定是歸程

> 太上老君示
> 什麼是慈悲　佛祖不慈悲　沒有方法做　就是擋人學
> 想要做慈悲　自己要聰明　自己不聰明　好好就做人
> 莫要人不做　慈悲當做佛　加油八方人　智慧做慈悲

(1)慈悲的做法

　　慈悲的做法簡單說就是包容力與同理心，但要做到真不容易。一個人的包容力及同理心絕非一觸即發，與生俱來，它得經過不斷的經驗積累，累世的練習才能自然而然地做到，所以得練習，練習到習慣。其次，你得將慈這個道理再進一步做到智，有智慧的慈悲，那更是難上加上。

(2)慈悲先從學習捨去開始

　　慈悲不只是有善心做好事而已，其中更深層的意義是先從學習捨去開始，捨去你原本有的東西，例如時間、金錢、勞動的身軀及用心的腦力。基督教規定教友每個月必須捐出收入的百分之十作為奉獻，也就是捨去你辛苦的勞動所得；佛教勸我們多布施，不論是身布施或者財布施，都得先花用你的身軀及金錢；道家的法會，則是付錢請唸

經的師父祈福、消災，而且完全不能談價錢。以上所說，不論是奉獻所得或是身布施、財布施，不都是讓我們學習並習慣捨去嗎？

學習「捨去」是逐步養成的習慣。你一定聽說有人月月助養兒童，也聽說有人固定捐錢給創世慈善基金會以幫助植物人，還有人每半年捐一次舊衣服，更多人會固定將統一發票捐給慈善團體。當你想學習做慈悲，得先學習捨去的習慣。

(3)愛人才能具備包容力及同理心

至於包容力及同理心又是如何才能具備呢？愛人。人真是讓人又愛又恨，有時張狂又囂張；有時脆弱又無助；有時聰明又可愛；有時愚昧又無知；有時主動又熱情；有時恐慌又羞澀；有時善良如同天使；有時邪惡如魔鬼。人的二面，善與惡，真是讓人既期待又怕受傷害，所以常有人自行封閉愛人的能力，不願送上主動的關懷，縱使明白得有愛、得付出、得布施、得包容，在面對人性時依然慣性地停止而不採取行動。

師父說過，做事小心謹慎，做人沒感覺。只要查證清楚，只要設好底限，該做的慈，依然得做，那麼就放心去做吧！剛開始練習做慈，只須養成付出的習慣即可，有了習慣才能再進一步的學習包容及同理心。

　　過去曾有新聞報導受贈發票的慈善機關爆發工作人員將中獎發票占為己有的事，或者善款被募款單位移作他用，或是看到車禍，好心將傷者送到醫院反遭誣陷為肇事人，尤其最近很火的博愛座（敬老座）讓座與否的爭議，是非對錯爭論不休。其實這些全是做慈的過程，首先是願意做，再慢慢做習慣，有了經驗再進一步學習判斷。

　　愛人也是一樣，你要先做才知道是否有能力愛人。菩薩也不例外，要度人得先看自己的功德夠不夠、有無能力，否則就成泥菩薩過江自身難保了。

(4)包容力及同理心需要智慧判斷

　　倘若對不該包容的人有了包容心，那也只會讓他一錯再錯，反倒是害了他；如果對不該理解的人有了同理心，那也只會讓他不斷找理由和藉口，反倒擋了他的學習。

　　父母對子女的慈愛是無庸置疑的，但子女在成長的過

程，父母如果一昧包容及發揮同理心，不論是非對錯，沒有智慧，最後只會造成孩子的人格發展異常。最常見的就是孩子覺得做任何事，都會被包容或原諒，一旦出現外力干預的情況，便是全世界的人都對不起他，不理解他。

(5)學習判斷待人的包容底限

　　包容心及同理心也得經過不斷地練習，一次一次的反覆練習，你才有能力判斷待人應有的包容底限。

　　我父親有個切身經歷的故事，很有意思。早年在大陸總會碰到有人在路邊要錢，有的伸手向你要錢，有的坐在地上要錢，更有人拿個大看板寫上一個故事要錢。父親晚年在上海看中醫養病，每天早上都會走一個固定路線散散步。有一天出門散步，在路上碰到一個寫故事要錢的婦人，內容大約就是老家在那遙遠的地方，無法回家，需要回家的路錢。我父親停下腳步問她：你回家要多少錢？於是就給了她足夠回家的錢。第二天又看到她，又給她一次回家的錢。我問父親：她明明是騙人，你幹嘛要給她錢？父親沒說什麼，給完錢就走了。第三天又看到她，父親就問她：給了你二次回家的錢，今天你還拿嗎？婦人故意不搭

理我父親，父親沒說什麼就離開了，當然第四天就見不到那位婦人了。我問父親：為什麼？父親告訴我：看她能拿幾天？包容也是要學習的。

很多學生隨我學習當志工老師，志工老師就是講課及引導同學落實道理，有的人從不敢表達到能上台演講，有的人講課從十分鐘就說完，緊張語塞，到侃侃而談且欲罷不能，甚至有人上台講課前緊張到哭了出來，什麼狀況的人都有。姑且不論學生因為何種原因離去，光是他們枉費我的用心栽培，甚至道是非，就已令人心灰意冷。不過，換個角度想，這不就是老天爺在逼著我學習包容，包容不對的人，不對的事。個人有個人的過程，我們人是判決不了個人的業，只有老天爺可以決定，當你明白這個道理後，不僅能放下曾經傷害過你的人，也能對口蜜腹劍的人一笑置之。

包容並非與生俱來，而是經過一次一次的受騙、傷害及人生經驗換來的。

(6)同理心就是感同身受

一直以來我都是健康寶寶，能吃能喝又能睡，不知道

什麼是生病，在我的認知裡病到得住院才是身體難受，所以不大能體會身體難受的感受。我以前有一位同事，時常請假，她有天生的腎結石，有時結石堵住了，就會請假；我和她十分要好，她若請假，我在公司就沒伴了，所以總是會催她上班。直到我在十二年前急性動脈血栓突發，身體需要長時間調養，才回想到年輕時的我真是缺少同理心。

我曾有過一段不堪的婚姻，在那段婚姻裡活脫脫上演的就是八點檔常見的灑狗血劇情，從貧窮夫妻百事哀到抓姦在床，再到小三上門勸離，小四、小五裝可憐求接納，還有家暴、離家出走……等等不同的戲碼，除了面對夫妻關係中情感複雜的糾結，還得承受原生家庭的不理解及責罵，真不知當時是如何過來的。但，這些都過去了，不就是人生經歷嗎？我也曾經一而再、再而三的創業失敗，到處借錢周轉，期盼事業能起死回生，走投無路時又被黑道押走，生命總是在不安中成長。

直到通靈後，我問師父：為什麼我的命這麼苦，這麼難？師父說：沒有這些經驗，你又如何有同理心！現在的我可以雲淡風輕的述說過往，因為師父告訴我，你要感同

身受。十二年前的身體病痛，應該足以讓我面對前來諮商的各種疑難雜症。原來這些過程都是老天爺安排好的，祂要我更有慈悲心地面對每一個需要幫助的靈魂。包容心須要不斷地練習，同理心則是透過人生經歷換來的感同深受。

佛祖說的慈悲是親力親為，而非出錢出力就是慈悲；慈悲是透過練習與經歷而來的，並非心存善心就是慈悲。有聽過證嚴法師一灘血的故事嗎？她也是經歷過後才發了大願。

4、開心－平天下的第四步驟
(1)開心經歷過程，歡喜承受

平天下的第四步，就是開心。何謂開心，就是心甘情願去做，就是享受所有好及不好的結果，將一切當成學習。我們來輪迴，除了要還掉累世的業，最重要的就是來學習智慧；因此我們從過程中學習到智慧，就是一件值得開心的事，那麼結果就不是這麼重要了。有句老話說得好，失敗為成功之母，重點不在於成功，而在於從失敗過程學習累積經驗並得到智慧。

伍：治國平天下

彌勒佛祖示
開心就是甘願做　沒有怨言和不甘　想想都是來助人
即可開心在心中

四面佛祖示
如何才能真開心　短期看來是為人　如何才能真開心
長期都是自己成　想想自己在進步　何來會有不開心
想想未來功德成　那有開心不再現　未來好好心開心
開心真的事享成

觀音佛祖示
人生都是要開心　開心可過好人生　未來因果都到來
只要開心可放下　想要人生是好過　不要多想不重要
想要人生是開心　不要做錯更重要　想要人生很開心
修身齊家很重要　想要人生很開心　治國天下更重要
想要人生很開心　人生功課要去做　如此心定又平安
開心就是在你身　祝你好好做開心　功課完成真開心

太上老君示

開心是要有智慧　開心是要有方法　開心是要來挑戰
開心是要在做出　所有成績看開心　想要成績就開心
若是人生不知何　如何開心心想成　祝我八方都開心
過了一關就開心　再過一關還開心　能過一關都開心
學習勇氣是開心　學習努力是開心　學習改變真開心
開心開心事想成

母娘示

要我真開心　就是真回天　回天做我身　再度眾人成
雖說不好做　真心即可為　想要真開心　替人做嫁衣
想要真開心　替人找生計　想要真開心　事事為人著
想要真開心　佛祖身就心　想要真開心　做能真開心
開心祝你成　開心祝你成

玉皇大帝示

人生都有困難事　神明只能指點做　莫要相信有偏方
自己做得才開心　祝我八方都開心　祝我神明也開心
開心做個佛祖身　事事都會真開心

看完以上的題詩，開心真的很重要。

開心是開心經歷過程，是開心的面對，歡喜的承受。

開心是態度，是老天爺看你做功課的態度，甘願做，歡喜受。

開心是評判功課的標準，如果不開心做，或者勉強做，功德只能暫存。

開心是真開心，看到身邊的人都好，很開心，沒有羨慕、嫉妒、恨。

開心是因為得到人生的智慧而開心。

開心是經過時間再反思後才能得到，不是當下的感覺。

(2)開心是經過反思後才能得到

　　隨著高齡化社會的到來，加上自己照顧公婆及經歷母親臥床十年的經驗，對於長期照護的照顧者及被照顧者總想著多盡點心力，過程雖然辛苦，但卻是打從心底感到開心。過程中不只學習到如何陪伴，也熟知送醫急診的過程，了解如何與失智老人相處，如何聘請外籍看護，家人如何分工，如何與親人一起面對並調整情緒，如何改善友善高齡居住空間……等等。直到老人家離開後，才真正體會

到開心；開心並非當下的感受，當下有的只是戰戰兢兢、小心謹慎，只是面對，只有做，沒有感覺，事後經過反思，才會得到開心。

父母養育孩子也是如此，在教育孩子成長的過程中有時開心、有時生氣，也有擔心，還有煩惱及無奈，但是當孩子長大後獨立，既懂事又孝順，不僅主動關心父母，也不再讓父母親操心，那時父母才是真的開心。父母經歷辛苦養育兒女長大成人的過程後，才能感到真正的開心。

工作也是一樣，當你在職場做牛、做馬、做狗的時候，當下怎麼會開心！必定是辛苦之後有了成果，拿到合理的薪酬才會開心。

開心的果實，蘊含著你所得到的智慧，因為是你的面對、勇氣、委屈、勞動、付出……等等的親力親為，才有所成。

佛祖說：還有什麼好說的呢？就是希望我們能明白真正的開心是付出得到感動而開心；真正的開心就是你好、我好、大家好；真正的開心全是自己過關斬將而來的。

三、「治國」讓你人生圓滿，人人都要學

（一）「治國」就是管理自己、管理他人

治國就是傳承的方法，而最大的傳承就是以身作則。

說到治國，大部分的人會立刻想到那是皇帝才要做的事，事實上並非如此，而是每個人都得學習的智慧。父母要學治國，有句話說，身教重於言教就是這意思；主管要學習治國，才能帶出好團隊，在職場升官發財；個人經營人際關係也要學習治國，才不會讓朋友牽著鼻子走；經營五倫關係更要學習治國，才能讓五倫關係圓滿。

治國對每一個人都很重要，學了治國，你的人生才不至於從一手好牌打成爛牌；學了治國，你在職場才能由黑轉紅；學了治國，智慧高，情商也高，處處得心應手，游刃有餘。

彌勒佛祖示

治國是管理　管理自己成　自己在那裡　紅塵都是你
做好真治國　是你都是成　治國做不了　人生真不好
祝我八方好　治國要學習　找到過程學　方法就是你
學習好治國　人生就是成

四面佛祖示

治國都是方法學　學習過程得經驗　只要治國做得好
個人家庭都是好　治國都是智慧成　過程好壞都是好
只要治國真會做　錢財地位跟著跑　如何治國能做好
動動腦子方法多　只要方法多一點　治國就是能做好
祝我八方學治國　助人幫人心想成　助你開心做方法
學好治國比人好

太上老君示

治國全是權謀學　學習權謀設計謀　只要清楚目的做
小小陰謀也無妨　沒有害人就去做　做好治國智慧得

　　佛祖說治國就是學習方法，尋找最合適的方法以管理自己及管理別人。做治國並不容易，因為得不斷地找方法，但是我們都貪懶，自我性格大，習慣用自己的思維找方法，可是你想的方法未必他人能夠接受，卻偏偏喜歡強迫別人接受，這種情形在處事或做人隨處可見。例如，父母常要求孩子依照大人的想法行事，在公司則是主管要求部屬唯命是從，不能有意見，做得好全是自己的功勞，做不好的話就讓部屬揹黑鍋。這就是別人比你會管理，你技不

如人。

(二)最大的傳承就是以身作則
1、引導的方法：說、教、逼、推、拉回

　　治國首先是自我要求，以身作則，其次才是引導他人，進而管理他人。引導一個人必須要學習很多方法，「說、教、逼、推、拉回」就是引導的方法，例如你要求孩子飯前先洗手，規矩定了，還得教他正確的洗手方式，接著得想方法鼓勵孩子做到，口頭讚美或者交換條件，可能送個小玩具、可能帶他出去玩……等等。定下規矩並要求是「說」；教孩子洗手是「教」；若孩子不洗手，就得處罰，不能吃東西，不能出去玩樂，這就是「逼」；還不洗手可能不讓進門，這就是「推」；當然不可能永遠不給進門，父母總會替自己及孩子找台階下，於是換個說法或換個人曉以大義，讓孩子明白細菌很多，要保護自己的身體……等等，或再送個小禮物鼓勵他，這就是「拉回」。父母教育孩子總是要把「說、教、逼、推、拉回」全用上。

　　疫情期間，政府規定每一個人得自主管理，首先透過媒體不斷「說」著病毒可怕之處，死亡人口急速增加，疫

情擴大，並呼籲大眾減少外出……等等；接著是「教」，教導大眾防疫之道，自我防護與保護，出門帶上口罩，正確使用酒精消毒……等等；再來就是「逼」，有條件地施打疫苗，實施檢測措施與隔離政策、餐廳用餐間隔措施，大陸地區甚至規定天天得至社區檢測病毒量，禁止進入公共場所……等等；再進一步是「推」，即違反規定得受罰，染疫者與接觸者得強制隔離……等等。「拉回」則是提供多種治療方式的選擇，規定染疫者或接受強制隔離者之有薪假，以及就過程中管理不當等情事予以道歉或補償，「拉回」就是給一個台階下，尋求其他方式以緩解緊繃情勢。師父說「拉回」最難，但低頭卻是解決事情最好的方法；比方夫妻吵架、父子鬧彆扭，若想和好如初，也都得低頭才能解決。

2、做治國得有平天下的態度

　　再者，倘若你想引導先生具有良好的生活習慣，除了說，還是只能再說，說到失了耐性，說到沒好臉色，說到最後就是吵架，吵到情薄了，乾脆各過各的，到最後就是離婚，顯然未將「說、教、逼、推、拉回」用上。改變一

個大人何其難啊，若再加上缺少平天下的態度，終究只能走到相愛容易相處難的結局。

　　做治國得有平天下的態度，即智慧、和善、慈悲及開心。

3、學習落實管理別人也管理自己

　　很多人都說卡羅的先生很好，會煮飯做菜給太太吃；

只要我想吃什麼，先生都會做，事實上我們家也是先生負責吃食，但是只要他進了廚房，一定搞得像世界大戰一樣，面目全非，我得花更多時間清理。剛開始我會生氣、會叨唸他，我倆常為了吃飯這種小事吵架，我不禁嘀咕，為什麼一個人可以做的事情偏要搞到二個人做，為什麼習慣這麼不好，不小心謹慎點呢？

　　自從學習治國平天下的道理，學習落實管理別人也管理自己，我便開始想方法做好管理這件事，例如在廚房地板放上不要的大毛巾，以免到處溼答答；換掉所有的調味罐，改成方便使用的類型，以免灑的到處都是；事前準備好待用的碗盤，以免其他乾淨的碗盤都被沾上油漬；請人來打掃；站在一旁邊做邊收拾；點外賣讓彼此冷靜一陣子……等等。總之，用盡各種方法，就是希望他可以進廚房，又可以保持廚房乾淨整潔。

　　在這個過程中，最重要的是自己得先調整心態，不能生氣，必須包容這大廚的不足，還得讚美鼓勵並肯定他；終於在反覆十多年後，他為大家下廚煮飯做菜總是很開心。現在我們會事先將食材洗好、切好，備妥調味料，碗盤也放在檯面上，他只要負責烹調，下鍋炒就行了，誰要他

是我們家的大廚呢！

　　治國就是管理別人，管理別人就得想方設法，直到達成目的為止。若想做好治國，就得嘗試多種方法，只要你想做，方法多一點，耐心多一點，堅持去做，總有一天會找到最適合的好方法。

(三)「治國」必備的成功特質

　　你有心做好治國，就會不斷的主動學習，讓自己有能力、有智慧管理好自己及身邊的人。治國很重要，它是智慧的體現，也是成就的展示；但是，做好治國必須具備以下的性格，你才能輕鬆地做好治國的功課。

做治國必備的成功特質：

1．性格有霸氣、有野心及思考未來的人。
2．有勇氣，擬定學習階段性計畫及知人善用。
3．執行力強，做事要果斷，目標確立後不後悔。
4．不斷地建立制度。
5．學習辨識看見人性的黑暗面。
6．學習找到好方法。(達到目的的好方法)。

7．不可為而為之。

8．懂得利他及利己。

9．角色清楚。

10．重視自己的名譽。

11．愛學習。

12．開心的去做。

13．有人成全。

14．放下。

15．時代造就。

　　做治國不容易，古代連皇帝也必未做得好治國的功課，要做治國必須先改變自己，先反思如何能成為一個具備成功特質的人。

(四)治國的步驟
治國共有四個步驟：角色、未來、目的、要求

伍：治國平天下

> 四面佛祖示
> 治國步驟很重要　一次一次再練習　都是讓你目的做
> 只是過程要學習　學習夫妻關係好　學習親人很和善
> 學習說話達目的　學習自己要聰明　要做治國要改變
> 不是人人都會做　只要先學個人質　即可治國好方便
> 祝我八方學治國　情財圓滿笑年年

　　佛祖的意思是說，治國的步驟很重要，它包含自己及他人的目的，除了讓自己好也要讓別人好。如何做好治國，首先要有平天下的態度，得先改變自己，學習改變自己，才懂得想方法改變他人。

1、角色－治國首部曲

　　治國的第一步，就是先確定自己的角色，並把角色做好，如此不但能確認你想要的目的，也才能影響他人去改變。

> 彌勒佛祖示
> 角色要確定　才知目的成　角色不清楚　不知如何做
> 治國最重要　角色要明白

> 四面佛祖示
> 角色幫你找目的 找到目的做角色

> 太上老君示
> 你是妖你是鬼 你是佛你是人 你要來我要去
> 簡單學治國成

佛祖的意思是不論是做人或者做事，你都得知道自身的角色為何，不能不明不白，角色不清楚，最簡單的例子就是育兒時，如果你是扮演好人的角色，那就得哄孩子；如果你是扮演壞人的角色，那就得嚴格要求孩子。單親父母教養子女大不易，就在於一人得扮演二角。不過，回到治國的根本，還是得想方法做好要扮演的角色。

治國的關鍵在於角色確立、權責分明，而角色是你可以自行設定的；例如，我在辦活動之前，一定先將大家的角色及其權責說明清楚，在公司的管理方面也是如此；當角色設定好了，權責自然確立，那麼紛爭便會減低不少。

在家裡，我也會將每個人的角色及工作加以分工，比如我先生負責大家的伙食，所以肚子餓的人就得找他，我女兒小時候肚子餓，問了我：媽媽要吃什麼？我就會反問

她：這是要問我的嗎？她便會去找叔叔，而且不管叔叔準備何種餐點，我們都很開心享用，有時買外食，有時自己煮；有人替你準備餐食，不就是一件值得開心的事！至於我則負責洗衣服，我不曾為了衣服未翻好而與先生嘔氣，也不曾因為褲袋的衛生紙將衣服弄得全是屑屑而對他不滿，頂多請先生下次注意些罷了。

角色一旦確立清楚，治國必定水到渠成，越做越好。

2、未來－治國的第二步驟

治國的第二步就是未來，就是你的做法，你的改變，你的以身作則。

> 彌勒佛祖示
>
> 人人都要有夢想　有了夢想努力做　沒有想要不可能
> 就是有夢努力做　學習夢想都會成　改變自己是過程
> 過程得到是智慧　分享他人是智慧

四面佛示

未來自己來改變　未來就是以身做　未來設定目標成

未來方法來完成　只要目標來清楚　開心去做圓滿成

太上老君示

未來真的好　都是要圓滿　方法不能少　就是多練習

想要有未來　就是多練習

　　佛祖們的意思是說，學習治國的唯一動力就是你想要，如果你沒有想要，充其量只會把自己做好，無法照顧別人，治國是管理自己也是管理別人。治國不但能幫助自己完成目標，還能幫助他人完成夢想。你可以想有一個自己的家，也可以想環遊世界，更可以想有一個自己的企業王國，只是該如何訂目標、擬定計畫一步一步完成？倘若你想要一步一步完成，最重要的就是做，而不是想，得不斷地找方法並學習做到。

　　這裡說的就是學習以身作則，將道理做出來，當你完成所有能做的事，自己有了經驗，便能明白別人做得到或做不到。

我的女兒因為過動,所以我向來未對她的學習成果有所要求,而是尊重她的想法,給予支持並陪伴她走學習的過程。在高二時,她說讀不下去了,想要休學;再三與她確認後,我便答應她,但是也要求她承諾在有生之年必定完成研究所的學位;對她來說,只要不去上學就好,所以連忙點頭答應我。之後,我不斷的找機會讓她繼續完成學業,如今她已大學畢業,接下來的研究所就靠她自己努力了。

　　在她重回高中及大學讀書時,我也回到學校繼續讀大學,藉此讓她明白學習的重要性;我倆時常比較成績,她的成績總是比我好,年年都領獎學金。再過一年,我也即將完成大學學業,接著就是準備報考研究所。

　　做治國的「未來」步驟,必先以身作則,才能以德服人。

3、目的－治國的第三步驟

　　治國的第三步,就是目的,在此是指別人要做的事及其達成的結果。

> 彌勒佛祖示
>
> 目的要清楚　有你也有我　如果只有你　肯定不開心
> 想要都開心　就要有你我　你我都是學　立場都明白
> 未來有目的　目的就會成

> 四面佛祖示
>
> 目的不是真目的　目的其實給他人　學習幫人來計劃
> 利他利己都是好　計畫就是他人好

　　佛祖的意思是管理好別人，協助他人做好以完成計畫。這意謂著你要看得比別人遠，同時你的格局也要比他人大，否則，你如何能知道他應達到什麼目的，或者能達成什麼結果？在治國，「目的」這個步驟是必須完成的，並非只是想完成而已。很多人訂的目標都是他人完成不了的，充其量只算是紙上談兵，毫無意義。例如，當我擬定公司年度營收成長計畫，必是以去年同期為基準，再加上百分之十而訂立本年度營收目標額。企業若要永續經營，必須年年有所成長，況且百分之十的成長率尚屬合理，既然去年能做到，今年理應做得到；不過，無論做不做得到，

都一定有它的道理，務必將原因找出來。

舉個例子，當你要求孩子學業成績，一要求就是滿分，結果便是達不到滿分，再來一次，周而復始，孩子也就屢屢遭受挫折，久而久之自然不想接受你的引導。

我也遇過類似的情況，不知該如何設定學生的學習目標，問題不在於他的態度，而是臣妾（我）做不到啊！畢竟，學習無法一蹴可幾，確實需要一定程度的基本能力。你不能騙他，你可以的，只要加油就行了，而是得讓他先提昇能力；於是我會鼓勵他們再回到學校讀書，學習基本能力，擴展人際關係，之後再進一步學習，並打開眼界。

有些學生想要結婚，但也是做不到。為何做不到？自身條件不足，可能是體型過胖，可能工作或收入不穩定，我就會告訴他們得先減重，或者找到穩定收入的工作後，再將「結婚」設定為目的。

4、要求－治國的第四步驟

治國的第四步，就是要求，要求他人完成。這就得將「說、教、逼、推、拉回」的方法發揮到淋漓盡致，並且不斷地反覆練習，以達到目的。

彌勒佛祖示
要求就是對方做　引導開心走要求　想要對方開心成
說教逼推和拉回　所有過程要和善　利他利己大歡喜

四面佛祖示
要求就是智慧成　學習引導對方做　對方做得很開心
才是要求做的好　祝你開心學引導　引導到你目的圓

太上老君示
方法真的有很多　人性惰性改不了　方法真是不好用
惹了別人不開心　方法真是不好找　別人不會再理你
如何方法用得上　權謀花樣少不了

　　佛祖說要求是要求他人做，做什麼呢，做你想要的目的。這個目的一定是利己又利他，你才能想方法要求對方得做到。不過，做到或做不到都是別人在做，你只能等，等待與冷靜是最大的智慧，若想要快一點，就得想更多方法。

　　治國的第四步是最難的，因為它不是你能控制，也不是你能替他人決定的，更不是你能替他完成的，你唯一能

做的只有不斷地替他找方法；唯二能做的是堅持，唯三能做的就是「說、教、逼、推、拉回」，使勁地反覆運用。

治國就是一次又一次的練習及學習。治國是一種思維模式的改變，熟練之後，不但可以改變自己，還能引導他人。

過去我有一個學生，經濟情況不太好，所以一直想賺錢，不斷找機會、找方法；然而，我通靈感應的是她並不具備賺錢的能力，因為她總是選錯平台，也就是賺錢的方法。她從事直銷，若想在直銷事業賺到錢就必須帶領團隊，而她的個性較為好強，總難低頭，再加上負債多，早已門可羅雀，奢談人脈經營了。所以我只好逼她做很多事，例如學習表達、學習低頭，甚至要求她強度的工作，透過工作讓她認識自己，但她受不了，找了一個不是理由的藉口便離開了。

當你要引導他人，如果尚未準備好揹黑鍋，便很難堅持下去，除非引導的是自己的親人。然而，「說、教、逼、推、拉回」又是學習治國的重要過程，那麼我們應該換一個角度來說，感謝每一個曾經在我身邊的人，感恩這個讓我學習「說、教、逼、推、拉回」的寶貴經驗。

5、練習做做看

接下來透過表格範例，讓大家更能明白如何將「治國平天下」運用在生活中：

(1)管理自己

以下的表格是針對個人擬出想要的計畫，也就是管理自己，因此僅列舉自己的未來與目的，要求則因人而異，而且所有的做法也只是建議，每個人的過程皆不同，可行的做法也不盡相同。

表格的目的是為了讓大家更清楚治國步驟的運作，建議各位準備一本筆記本，以一個人、一件事製作一個表格，隨時視情況增列做法。至於做法，務必不斷練習及學習，才能得到更多方法，透過以下表格，更重要的是讓你練習並學習反思。

表格一

治國的步驟	角色	未來	目的	要求
說明	自己的角色	自己未來要怎麼做	想要的目的	
步驟定位	我是三十歲的單身女子		找到結婚的對象	
角色定位				
建議做法	1、重視自己的外貌 2、參加相親活動 3、不斷找機會 4、誠實面對自己並列出合適對象的條件 5、勤勞並勇敢與他人互動 6、不放棄 7、學習 8、 9、 10、 列舉可以做的方法			

表格二

治國的步驟說明	角色 自己的角色	未來 自己未來要怎麼做	目的 想要的目的	要求
步驟定位	我負債		還清債務	
角色定位				
建議做法	1、統計負債金額 2、找到收入來源 3、誠心向債主低頭 4、制定還款計畫 5、作息正常、保持身心健康 6、規定必要支出 7、學習、增加自己的全方位能力 8、不懶惰 9、 10、 列舉可以做的方法			

表格三

治國的步驟	角色	未來	目的	要求
說明	自己的角色	自己未來要怎麼做	想要的目的	
步驟定位	我是大學畢業生		找工作	
角色定位				
建議做法	1、評估就業市場 2、審視求職的目的是求經驗還是求高薪 3、對於職場的環境找到認知 4、檢視自身專科未來之發展 5、請朋友或同學介紹 6、學習有效的表達，包含文字 7、每日讀新聞 8、不斷的學習 9、 10、 列舉可以做的方法			

表格四

治國的步驟	角色	未來	目的	要求
說明	自己的角色	自己未來要怎麼做	想要的目的	
步驟定位	我有一個夢想		環遊世界	
角色定位				
建議做法	1、確認旅遊行程 2、評估旅遊經費 3、行事曆安排 4、經費來源 5、旅遊方式 6、同行人員 7、目的地之資訊蒐集 8、購買出遊品 9、調整身體 10、列出旅遊需用品 列舉可以做的方法			

(2)管理別人

　　以下表格是引導別人與你共同完成你想要的計畫，對於要求他人的結果必須是利他，因為治國就是傳承的練習，就是引導他人做對的事，就是不斷找方法引導他人改變，所以要具備平天下的態度，智慧、和善、慈悲、開心。此節之重點在於透過引導別人的過程－「說、教、逼、推、拉回」，從中學習到更好的方法，得到更高的智慧，以及堅持做到的恆心。

　　的確，想要改變一個人就是發神經，這有多難啊！但是，這才是佛祖要我們學習的真正智慧，因為老天爺需要你拯救人類，這……果然是神經病。不過，你再看看表格所列的範例，引導他人必定與功德有關，老天爺是不會讓你白白發神經的，一定讓你得到功德滿滿。

　　治國的第四個步驟很重要，你的要求如果不在四大功德範圍之內，那就是魔了，就只是利己，不信你可以試試。

　　以下的表格範例僅列舉方法，你可以依照個人的特性調整可行之做法。另外表格中「要求」的欄位，已列出傳承的建議做法，「說、教、逼、推、拉回」，因為大部分

的人都只會「說」、「教」，最多做到「逼」，很少能做到「推」及「拉回」的練習，因為「逼」得當壞人，「拉回」得低頭，人性的抗拒讓我們很難做到推及拉回，所以都是神佛在做，哈哈哈⋯⋯。我們不要等神、佛出手吧，就自己好好地反覆練習。

其次，在做治國的方法練習，必須抱持一個重要的觀念，那就是只有過程而沒有結果，在尚未到達你要的結果前只有反覆的練習，不斷找方法，因為結果不是你決定的，是受你引導的人給你的。他何時願意做，除了你的引導外，還有一個因素，那就是無形的業，業會擋他學習，不讓他改變。

我的女兒已進入適婚期，有一位論及婚嫁的男朋友。對於她進入婚姻的準備，我從她十四歲就開始找方法，引導她能開心迎接人生歷程，反覆地「說、教、逼、推、拉回」，一直不斷在做。從她十四歲時告訴我想當男生開始，我便不斷地在改變自己及改變她，想盡各種方法，到如今依然欠點東風，於是請她每個月布施無主孤魂，以減少業的干擾，讓自己開啟智慧。

表格五

治國的步驟	角色	未來	目的	要求
說明	自己的角色	自己未來要怎麼做	想要的目的	他人要怎麼做
步驟定位	我是媽媽未來要怎麼做		背英文單字	小孩
角色定位				媽媽引導小孩怎麼做
建議做法	1、幫孩子找英文老師 2、陪伴孩子一起讀書 3、創造說英文的環境 4、跟著一起學習 5、 6、 7、 8、 9、 10、 列舉可以做的方法			說：背單子的重要 教：背單字的方法 逼：規定一天要背幾個單字 推：不理會，或故意表現失望 拉回：曉以大義或獎勵

表格六

治國的步驟	角色	未來	目的	要求
說明	自己的角色	自己未來要怎麼做	想要的目的	他人要怎麼做
步驟定位	我是四十大齡男子		結婚	女朋友
角色定位				引導女朋友結婚
建議做法	1、評估自己工作是否穩定 2、準備結婚費用 3、訂定結婚計畫及規劃婚姻生活 4、調整心態與女方家人互動 5、不斷表達結婚意願 6、承諾對婚姻忠誠 7、時常見面 8、學習 9、 10、 列舉可以做的方法			說：表達結婚想法 教：真誠婚前溝通 逼：設定期限 推：生氣 拉回：低頭。找到問題，重新面對

伍：治國平天下

表格七

治國的步驟	角色	未來	目的	要求
說明	自己的角色	自己未來要怎麼做	想要的目的	他人要怎麼做
步驟定位	我是結婚十年的妻子		先生努力工作養家	先生
角色定位				太太引導先生怎麼做
建議做法		1、找方法表達家裡已無錢可用 2、算出每個月的家庭開銷金額 3、開源節流 4、裝病 5、停電、停水 6、要求自己多說好聽話 7、自己先不生氣 8、多學習 9、勤勞 10、 列舉可以做的方法		說：表達希望先生每個月收入金額 教：協助尋找合適的合作 逼：支付家庭開銷 推：冷戰 拉回：哭泣

表格八

治國的步驟	角色	未來	目的	要求
說明	自己的角色	自己未來要怎麼做	想要的目的	他人要怎麼做
步驟定位	我是母親		催促子女結婚	兒女
角色定位				媽媽引導兒女怎麼做
建議做法	1、營造家庭幸福生活 2、夫妻二人多享受二人世界 3、夫妻二人相互尊重、以身作則 4、開心表現夫妻情感圓滿 5、努力排解家庭的不開心 6、家務工作友善分配 7、天天開心 8、家庭整齊乾淨 9、舉辦家庭及家族活動 10、故意孤立女兒 11、學習 12、 13、 列舉可以做的方法			說：表明結婚的必要性及重要性 教：如何做好男(女)人特質 逼：訂立時間表 推：安排相親 拉回：拜託、給予獎勵、表現擔心

(五)結語

　　孔子周遊列國遊說治國之道，而自宋代起，以孔孟學說為主的儒學即是治國主流學說，古代的皇子，從出生開始就要學習治國之道。儒學是中國從漢武帝（西元前156-前87年）至清朝結束（西元1911年），歷時兩千年的官方意識形態及主流學術思想，其所提倡的價值觀念、道德倫理已是千百年來華人社會的普世價值，更是公認的生活指導原則。我自知才疏學淺，壓根兒不夠格談論如何治國，只能忠實地傳達來自天命的感應，若想深入了解治國，建議大家參閱論語，以學習治國的觀念。

　　以下重點係摘錄自「論語大智慧」一書，祝願各位做治國，開心心想事成。

　　治國之法：

　　(1)首要謙虛懂低頭、能低頭。

　　(2)來者不拒，誰都是學習的對象。

　　(3)知人善用。

　　(4)建立制度。

　　(5)管理別人。

　　(6)學習慈悲和包容的智慧。

(7)公平、公道的原則不可改變。

(8)過程學、結果論。

　　治國不只是改變自己的方法,也是管理別人的方法,透過引導別人,不斷地找方法並完成目的。如果我們熟練治國的方法,便可以減少時間,加快五倫關係圓滿、情財圓滿的進程,不至於浪費人生的路程。

☆自我反思一下

先有平天下的態度,才能有治國的做法

平天下的步驟:智慧、和善、慈悲、開心

治國的步驟:角色、未來、目的、要求

1. 請問你最常做的布施(可複選)
   □捐發票□固定捐助弱勢家庭□捐血□捐棺□捐功德箱
   □做義工□買街邊玉蘭花□給乞丐錢□說鼓勵他人的話
   □其它

2. 知道他人有困難,自己也有能力會替他想方法嗎?
   □看交情□等對方開口□看事情大小□不會
   □可以陪伴但不會出建議

3. 如果你能參加自己的告別式,你認為來送行的人有多少人(三等親之外)?

   ------

4. 請反思除了家人之外,你曾經做出最具平天下的案例

空白表格

治國的步驟	角色	未來	目的	要求
說明	自己的角色	自己未來要怎麼做	想要的目的	他人要怎麼做
步驟定位				
角色定位				
建議做法				

第陸章、影響我們人生功課的就是貪

一、貪怎麼說

(一)貪不貪，自己反省才知道

> 彌勒佛祖示
> 貪是完全看付出　付出得到不是貪　貪是完全看付出
> 付出所有叫不貪　貪是完全看付出　付出不求叫不貪
> 貪是完全看付出　付出得到而不貪　貪是完全看付出
> 滿足放下叫不貪　貪是時時要注意　得到放下滿足成

　　師父說一個人貪或不貪是看他有無付出，付出之後有無要求回報。如果求回報了就是貪；如果付出了不求回報就是不貪，例如父母對孩子的付出是不求回報的，一旦對孩子的付出要求回報就是貪，孩子是否會回報是他的自願真心，也是你教育的成果。例如，品嚐美味的食物，滿足了，飽了，放下筷子就是不貪，但吃撐了，還想再吃就是貪，有貪還是不貪，得自己反省才知道。

一個女人在婚前談戀愛時，男朋友百般呵護，送禮不斷，驚喜連連，每天煲電話粥，吃的不亦樂乎，這是愛情，付出時間及金錢，得到的是短暫的快樂。婚後男朋友成了丈夫，過去的細心不再，換來的卻是每天柴、米、油、鹽等生活瑣事，於是妻子抱怨丈夫婚後變了，開始吵架鬧脾氣，甚至提出要求，妻子對當時的愛情還未滿足而放下，這就是貪。結婚之後是親情，是付出不求回報，如果結婚之後還在想要更多的愛情，不知反思並轉換成親情，那也是貪。

　　處於什麼階段得做什麼事情，須要不斷地反思，才能知道自己貪還是不貪。要判斷是否貪，得知道角色怎麼做，得明白道理怎麼做，得了解每個人生階段需要何種滿足而放下，更要不斷地反思才知道自己貪不貪？每一個人可以允許的貪都不同，得先認識自己的想要，才會知道自己貪不貪。

(二)得到後捨得付出，視為不貪

四面佛祖示
貪字放在過程中　沒有貪也沒有多　貪字放在紅塵裡
是人想要不可說　貪字在你心中起　可怕魔心在身邊
貪字想要不要貪　做好角色自省成　若說不貪不可能
如何得到剛好做　若說不要也不能　紅塵圓滿都是得
想要貪字你想好　天道八字你做好　想要貪字你不好
放下得到滿足成　祝我八方明滿足　滿足放下即是成

觀音佛祖示
貪字不要說　貪字不能說　貪字不想說　貪字就是無
好笑真好笑　是人都要貪　貪字要明白　貪字要好說
貪字可以說　貪字明白成　若要貪說明　只要自己能
一人一種貪　一人一樣貪　自己問自己　貪字怎麼說
只要角色成　自會貪字成　只要角色做　貪字即可成
祝我明貪字　佛魔心中成

　　佛祖說，是人都要貪，因為紅塵要過的就是情財圓滿，但是不能一語道破，因為佛祖要我們自己學習何謂滿足而放下，每一個人皆得透過追求你想要的情財過程來考驗

心魔。心魔是什麼？就是自私自利的想法。在追求情財圓滿的過程中，當你得到想要的，是否捨得再付出？因此，貪是先得到，得到之後再付出。好比前述愛情的例子，當在婚前得到愛情，得到了快樂，在婚後，你是否願意付出而不求回報，從情人的角色轉變為親人的角色？或者在職場追逐名利之後，你是否捨得付出所賺得的錢，對你的父母、兄弟姐妹、妻子、孩子或者對社會公益無私的付出？當你捨得付出之時，原本的貪就可視為不貪了。

　　佛祖又說，貪不貪及要不要貪，不僅是得到與付出間的平衡，也是人生階段的學習，如同孔子所言，三十而立、四十而不惑、五十而知天命、六十而耳順、七十而隨心所欲。總之，年輕時要貪、要努力、要有想要，才能獨立成家，才能養家活口，才能把自己過好，才能增強自身的能力及能量，也才能從自私自利的過程找到更好的自己。隨著年紀漸長，我們應反思自己是否多得、多拿、多要？例如男子結婚後努力工作，家庭交給妻子打理，父母也是妻子照顧，隨著年紀漸長，應該更感恩妻子，對家人更好，因為自己對財、成就的追求已達到一個境界，或已完成心中的想要，該滿足了。接下來就應是進入耳順、從心所

欲的階段，開始學習更多的捨去及付出，當你學習捨去以及付出，才能真正的隨心所欲又自在。

(三)如何面對貪的學習
1、明白得到及付出的做法

　　不過，如此清楚的解析貪，佛祖是不能說的，說了似乎是佛祖要你貪；佛祖只能笑笑看著我們與心魔拉距對抗的過程，只能等待我們學習，直到明白何謂貪及不貪。但是，我們始終不了解或一知半解，做不到平衡，因此佛祖又給了建議，佛祖說我們之所以會貪就是感覺太多，個人的感覺太多就會貪，例如，吃東西時吃太多、吃太撐就是貪，那麼為什麼會吃太多呢？因為好吃，是你喜歡的口味，這是口的感覺所引起的慾望，想要更多，於是就吃多了。感覺就是讓我們貪念不止的原因，當貪念不止又不自知就會變成固執，所以宗教都會告訴我們要斷六根及六識。

　　該如何面對貪的學習？就是要明白得到及付出的做法。
　　友情付出的是時間及金錢，得到的是包容與寬恕。
　　愛情付出的是時間及金錢，得到的是短暫的快樂。
　　親情付出的是全部，得到的是放下。

上述的時間指的是陪伴，人身的付出；金錢就是金錢，交朋友、談戀愛都得花錢，花錢買禮物，禮尚往來，花錢找樂子，增加情感交流。而所謂得到則是平等互惠，各得其所，雙方都要得到，如果有一方未得到，就會造成另一方有了貪念。親情，那真是完全占不到便宜了，付出全部，得到放下；想想我們與父母親之間的相處，如果互相不放下，結果不是嫌父母親嘮叨，就是落入愚孝的情境，彼此都不開心。

　　當你知道如何掌握自己的貪念，人生才有清楚的方向，所以佛祖說要貪，但又不可說。

2、什麼可以貪

彌勒佛祖示

貪是都可得　五倫關係得　貪是可以得　開心就會得
祝你要開心　開心就會成　祝你要開心　心想又事成

四面佛祖示

事事可以貪　有貪有目的　事事可以貪　有貪有圓滿
事事可以貪　今生都圓滿　事事可以貪　貪得滿足成
事事可以貪　今生可放下　事事可以貪　道理心中成
事事可以貪　天道八字成　事事可以貪　佛祖都在貪
事事可以貪　功德來做成　事事可以貪　努力動力做
事事可以貪　事事就是成　事事可以貪　事事可以貪
祝你五倫關係貪得成

觀音佛祖示

紅塵真是好可怕　事事都有貪念生　紅塵真是太可怕
貪念之心都是有　紅塵真是好可怕　人人都想有貪心
紅塵真是太可怕　五倫關係最是貪　貪心不是指錢財

陸：影響我們人生功課的就是貪

> 貪心不是指情愛　貪心是看態度做　貪心是看圓滿成
> 若說貪心是什麼　全是自己因果生　如此記得輪迴事
> 就是貪字在學習　貪有太多要注意　天道做好就沒貪

(1)什麼都可以貪－看人生階段，也看角色

什麼可以貪？佛祖說什麼都可以貪，但是必須看人生階段，也必須看角色。如果你的角色是學生，那麼在你的人生階段0到20歲時，你就要貪求學、貪成績、貪表現。如果你正值壯年，你就必須貪成就、貪高薪、貪權力及地位，貪在職場有一席之地。貪我們可以解讀為爭取，可以說是想要，所以當你的角色正逢想要及爭取的時候，你就要貪，千萬不可成為佛系一員；佛系人就是不貪不求，隨緣發展，但是，並非每個人都有如此好的福報，輪迴來到人間只是體驗人生、感受人性的，如果有這麼多人、這麼多的靈體輪迴來到紅塵都有福報、都來體驗人生，這社會不就無人成家，人人都想啃老，甚至躺平過日子。因此大部分的人（靈）輪迴在紅塵都得學習得到及付出的智慧，也就是大家耳熟能詳的捨得。

對於自己的貪，自己得搞清楚；對於自己的貪，自己要面對，你才知道人生如何安排，才知道什麼事要貪、什麼事又不貪。紅塵考驗的全是貪，從貪到不貪，再從不貪到放下，人生的過程，每一個人都得學習，都得走過。

(2)沒有的可以貪－讓我們學習滿足而放下

　　什麼可以貪？沒有的可以貪。什麼是沒有？以你的能力應該有的，而你沒有，就可以貪。我有一位朋友，他就是很不貪的人，只拿該拿的錢，做該做的事；他能力好、學問高，性格單純又熱心，大家都喜歡與他交朋友，可是他卻身無三兩肉，就是沒錢，時常看到他做白工，幫人白寫企劃案，雖然換得一輩子心安理得，但他的老婆卻很辛苦，得承擔家計，那他真能心安理得嗎？

　　另外一個朋友則是缺乏賺錢的能力，卻要吃好、用好。每每同他去吃西餐，他都點最貴的牛排，原本就不喜歡讓人付錢請客的我，就更不想與他一起吃飯，明知他不富有，卻總要請我去昂貴的餐廳，吃高級的牛排。還有一個朋友，說不了是貪或不貪，因為他好面子，可以請客吃飯，但不能貴；他可以不開好車，因為沒興趣，車子能開就

行了，吃飯穿衣都可以很簡單；但是一遇到特別的場合，或者關乎面子時，他就願意花錢。

感情方面，我們也必須認識自己，才知道貪或者不貪。有些父母寧可自己去醫院看病，也不要兒女陪伴，他們不貪戀兒女的陪伴，總覺得孩子們工作辛苦，過日子也是不容易，所以很獨立；反之，有些父母一點點小事就會不斷的打電話找兒女訴苦或者要求兒女配合，這些就是親情的貪與不貪的學習。

能不能貪？要不要貪？是一生都在學習的智慧。貪是讓我們學習滿足而放下。

(3)我們這一生都在接受貪念的考驗

> 彌勒佛祖示
> 佛魔一線間　貪字擺中間　利己和利人　分辨魔或佛
> 佛會變成魔　魔會變成佛　全是貪不貪　貪字很可怕
> 小心萬年船

佛祖說佛在做天道，魔也在做天道，佛魔當中的差別就是利人與利己的分別。要如何分辨呢？也是看利己或者利人。佛祖說，是佛也會變成魔，是魔也會變成佛，完全

在於一念之間，如此佛魔的反覆交替，直至蓋棺論定。貪與個人的因緣有關，你前世得不到的，今生要得到，這是人的執著，也是我們要經歷的過程。我們不應該批評別人，只能把自己做好，隨時自我檢視、自我反省，因為我們這一生都在接受貪念的考驗。

(4)什麼貪不了-「不是你的」貪不了、「自己」貪不了

觀音佛祖示

佛祖不管貪不了	佛祖不要人不貪	什麼貪心不可得
超過情財不可得	何事貪心不可得	不是你得你去得
何事貪心要不得	放下不成要不得	要說什麼貪不了
關係角色要明白	要說什麼貪不了	心滿意足貪不了
人生要求來圓滿	又想滿足而放下	如何做到心滿意
全是看己貪不了	貪字都是大智慧	累世不得如何好
只好冷靜不貪氣	就是防貪重要成	祝我八方貪不了
學習放心氣不再	祝我八方貪不了	放下過去想未來
如此未來行天道	不貪沒有貪不了	

佛祖說貪不了的東西，不是你的東西貪不了，什麼東西不是你的呢？別人的錢不是你的，別人的老婆、先生不是你的。什麼是別人的錢呢？只要不是你自己爭取來的都是別人的錢，父母親的錢，朋友的錢，兒子的錢，只要不是自己努力而來的，都貪不了。

佛祖說還有一樣東西貪不了，自己貪不了，因為貪了自己就是執著。「貪自己」與你的累世有很大的關係，貪是累世因果的由來。世人都在學習控制自己的慾望，學習如何降伏其心，放下感覺，放下慾望，所以我們最喜歡讀心經，每個想讓自己更好的人都會讀心經。心經教導我們要有清靜心，當你清靜自己的內心時，就可以好好自我反省，認真做道理。

☆自我反思一下

1. 你知道你最大的貪是什麼嗎？（可複選）
   □貪口慾/美食 □貪色/注重外貌 □貪環境舒適/有潔癖
   □貪好聽話/說不得 □貪財/越多越好
   □貪感覺/大家都要對你好 □固執/有所堅持

2. 你知道你現階段的人生功課嗎？

3. 你知道你的靈魂功課嗎?

二、般若波羅蜜多心經解說

觀自在菩薩行深般若波羅蜜多時，照見五蘊皆空，
度一切苦厄。舍利子！色不異空，空不異色；
色即是空，空即是色；受想行識亦復如是。
舍利子！是諸法空相—不生不滅、不垢不淨、不增不減。
是故，空中無色、無受想行識、無眼耳鼻舌身意、
無色聲香味觸法、無眼界乃至無意識界、
無無明亦無無明盡，乃至無老死亦無老死盡、
無苦集滅道、無智亦無得。以無所得故，
菩提薩埵依般若波羅蜜多故，心無罣礙；
無罣礙故無有恐怖，遠離顛倒夢想，究竟涅槃。
三世諸佛依般若波羅蜜多故，得阿耨多羅三藐三菩提。
故知：般若波羅蜜多是大神咒、是大明咒、是無上咒、
是無等等咒，能除一切苦，真實不虛。
故說般若波羅蜜多咒，即說咒曰：揭諦揭諦，波羅揭諦，
波羅僧揭諦，菩提薩婆訶。

(一)學習佛法必學且必備的經文

相傳唐太宗令唐僧去西天取經是因為做了一個夢，夢中有一位美麗而莊嚴的大仙告訴他，若想大唐盛世千古不墜，必須到西天取經回中土發揚光大；因此就有了唐僧前往天竺（印度）取經的故事。

佛教最早的發源地是古印度，這個國家與現在的印度毫不相干。流傳至今的佛教故事皆能從古印度的生活歷程來說明其背後意義，我們今天就來細說這個佛法的大智慧。

很多人有唸經的習慣，也有唸咒的習慣，在我們進入探索經文的內涵深意之前，先將經與咒做一個基本說明。

有人問：「老師，晚上可以唸經嗎？」「老師，可以在車上聽經嗎？」「老師，可以在房間唸經嗎？」很多人其實分不清「經」與「咒」有何差別。通常如此問的人，我會反問：你唸哪部經？因為「經」與「咒」的功能不同，好比醫生不可能開立治療腸胃的藥給牙疼的人，也不會開立治療癌症的藥給感冒的人。學經、讀經固然很好，但若在不同的場合唸錯「經」或「咒」就不見得是好事了。

「經」是各佛祖對世人說道理、教智慧;「咒」則是各佛祖解救世人的方法,二者的用法及學習的人皆各不相同。但是,如果你想要度人,就得都學,因為佛祖度人也會因材施教。

譬如因果重、固執、不知放下的朋友適合讀或學習「地藏菩薩本願經」,長期身體不好的人可以唸「大悲咒」,突然卡陰的人就唸「五字真言」及「白衣神咒」,正在修行及學習過程的朋友得讀「法華經」,想得佛法大智慧的人便學習「金剛經」與「清淨經」,想讓自己心情開朗的人應該讀「彌勒經」及「阿彌陀佛經」,然而,眾多經文中能為我們打下根基的就是「般若波羅蜜多心經」,這是一部人人學習佛法必學且必備的經文。為什麼?因為這部經文便是在教我們如何學習。

(二)通靈代口說心經

　　「般若波羅蜜多心經」簡稱「心經」。「心經」是世上經過最多法師解讀與闡釋的一本經文，這就表示心經所蘊含的智慧是最能讓大眾感到歡喜的。不過，在此得先說明，假若你想學習宗教說法的版本，就此打住即可，因為我只是一個通靈代口者，本就胸無點墨，累世也未有佛緣並且罪業深重，只是佛祖慈悲讓我在這一世重生做祂的小幫手，同時學習如何讓紅塵圓滿而放下。所以，我是以白話且通俗的方式來說明經文的意涵，日後若有機緣巧遇便交流一下，無須批判我或接受我的說法。謝謝各位給我一個機會學習教人智慧，實在不能接受我的說法也無妨，就是各有各的道，謝謝再連絡即可。我只不過是一位通靈小姐姐罷了。

　　「般若波羅蜜多心經」全文的意思是「用心學習到智慧是歡喜甚多的一件事，而我就告訴你如何用心學到智慧，得到歡喜。」這個我，指的就是觀音佛祖。當你看完我的說明，是不是覺得「般若波羅蜜多心經」好比論語的文言文，短短八個字，我得說明二行，文言文短短的「君子得仁……」，老師不也闡述許久。經文就是智者對我們的

教導……。

　　「心經」雖然淺顯易懂，卻是人人做不到的一部道理，所以人人都想學，卻很少人能做到，但是又必須做得到，這就是讀經文、學智慧最難的地方。你明知做到就可以學到，但是卻又做不到；如同減肥，每個人都知道得少吃多動，但是胖子卻是做不到，所以生氣呀！與自己嘔氣，再讀，每天讀、早晚讀，依然同胖子一樣，做不到少吃多動，還是胖，還是學不到智慧，就這樣周而復始，胖子還是胖子；讀經依然讀經，缺乏智慧依舊缺乏智慧。怎麼辦呢？等待，當緣分到來時，打開智慧的門立現眼前。

　　緣分到了，我來幫你們打開智慧的門，等我一一說明，你們就會明白「心經」所要傳達的智慧了。

1、「觀自在菩薩。行深般若波羅蜜多時。照見五蘊皆空。度一切苦厄」
(1)學習智慧先要學習反省及面對自己

　　觀自在菩薩，觀意指觀照、看；自在意指自己的心；菩薩意指學習的人，也就是你自己。「觀自在菩薩。行深般若波羅蜜多時」的意思是一個在學習的人要先看自己的

心,也是歡喜八方傳達的核心之一「反省」,要面對自己。換言之,假若你想學習智慧,首先要學習反省及面對自己。

(2)堅持學習,以得大智慧

　　般若意指大智慧,即學習本就是一個大智慧;波羅蜜意指到達彼岸,就是到了西方極樂世界,即佛祖之所在。整句經文的意思是當你在學習佛祖的大智慧時,你不會知道何時才能明白,因此你所花費的時間將無法預先測知。學位的學習通常有其學程制度,例如依教育制度取得學士學位需耗時十六年;但是學習佛法的智慧是無學程規劃、無時間進度的。你不知道在累世的過去曾經努力過多少,也不知道在累世的過去是否學習過,因而你得學習多久,得多努力及付出,在這一世全看不到;你只能也只須明白得做這件事,而且堅持不放棄,才能得到大智慧。

(3)做到沒感覺，以打開智慧大門

①放下及感恩的大智慧

　　五蘊意指感覺，角色帶給你的感覺。當你有一個角色時，就會產生扮演這個角色的感覺，這個角色會讓你開心、難過；這個角色會讓你想要及期待；這個角色會讓你必須接受去做；這個角色會讓你期待要有所得到。例如，你是一位女人，一生所經歷角色有天真無邪的小女孩、情竇初開的少女、花樣年華的女人、風韻猶存的女人、年華老去的婦人、人老珠黃的老女人、苦盡甘來的老奶奶，每位女人在不同的人生階段都有自己的想要及期待，得到就開心、快樂，得不到而遺憾或抱怨，這些都是感覺。

　　整句經文的意思是你要學習智慧，到達那智慧的彼岸，去佛祖的西方世界，就要沒感覺，得真心明白過去了，就過去了，每一個角色皆是學習，不必回憶也無須遺憾或抱怨。你要學習沒感覺而放下角色所帶給你的開心或不開心，你要學習的是放下及感恩。只要你能做到真正的沒感覺，你就可以打開智慧的大門。

「心經」說完了,整部經文最重要的就是告訴我們沒感覺,沒感覺之後就不再胡思亂想了,沒心思亂想了就會放下,就可以安心學習了。

②感恩是不貳過

師父開示說,感恩是不貳過,接下來告訴我們如何做到不貳過。一般人犯錯有時是不知道哪兒錯的無心之失,有時是明知故犯,有時見仁見智,可能是錯又好像不是錯;但不論是什麼錯,在行動之前都應三思、再三思,以免犯了錯。

舉例來說,在日常生活中,一般人明知不可犯的錯便是錯誤的習慣,像抽煙或喝酒;但是很多人依然會犯錯,改或不改?不改的人先不談,想改的人肯定知道這些壞習慣對身體不好,他們會面對問題,再找方法改變,有的人去跑步或運動,有的人會去吃東西,有的人做其他的事,以轉移心中那個想的感覺,這就是經文所說「照見五蘊皆空」,面對自己的問題而去改變,讓自己的感覺不再。

再說那個可能是錯又好像不是錯,或者是不知道哪兒錯的人,他們又該如何「照見五蘊皆空」呢?這時可以選

擇安靜獨處，或者讀書、旅行、打坐，如此也是「照見五蘊皆空」，讓自己先放空或回到原點，讓自己沒感覺，重新看待自己的新世界。

五蘊在宗教的說法就是貪、嗔、癡、慢、疑，套換上述內容，就是這些會造成我們的感覺。

③面對自己的感覺

「照見五蘊皆空」是佛法的大智慧，擁有大智慧的人才能真正明白做任何事前，得先學習何謂「照見五蘊皆空」，因此有了打禪以修養身心的方法，或心靜自然涼的說法，不僅如此，彌勒佛祖教我們的方便法「沒感覺」亦是殊途同歸。

「心經」是學佛的入門款，一開始就告訴我們學佛法讀經文得「照見五蘊皆空」。「照見五蘊皆空，度一切苦厄」，你要冷靜地面對自己的感覺。

五蘊指的是金、木、水、火、土，也是人的身體器官，即心、肝、脾、肺、腎。人的氣場運勢是經由金、木、水、火、土的相剋以得平衡，人的身體則是由心、肝、脾

、肺、腎的協調合作取得平衡。人倘若身心不平衡,便會諸事不順或生病而不開心,所以「照見五蘊」就是要「知道自己怎麼了」?「知道自己怎麼了」,你就得改,而不是「空」,因為經文緊接者如是說……。

2、「舍利子！色不異空，空不異色，色即是空，空即是色，受想行識亦復如是」

(1)做角色沒感覺並反覆思量如何做到好

「舍利子」是修行得道的大師，也就是遵行佛祖教導的學生。「色不異空，空不異色」，色表示角色，不異空表示不是沒有感覺及不存在，也就是說所有的角色並不是不存在及沒有感覺。「色即是空，空即是色」，色依然表示角色，即是空則是沒感覺，即指如何將角色做到空，也就是沒感覺。「受想行識亦復如是」係指這樣一直做著，也就是佛祖對你說，你去好好想想而且要不斷地做這件事。整句經文的意思是如果要學習佛法大智慧，你必須先明白所有的角色怎麼做，而且將所有的角色做好，不僅得沒感覺的去做，還得不斷地反覆思量如何可以做到好。

回頭想想，很多成功人士時常出國度個假再回到工作崗位，常說休息是為了走更遠的路，怎麼去休息了呢？原來他讓自己先放空，再思考如何將角色做好。

這些年流行上寺廟打禪，難道空就可以變聰明了嗎？並不是，而是先讓自己五蘊皆空，再重新看待角色便恍然

大悟了。所以佛祖的經文說，你如果要學習智慧，得先看到自己的問題，接著將角色看清楚，確認角色的做法，最後將角色的做法反覆練習，而在這個過程中不要有太多的感覺，你便能度過一切苦厄。

(2)五倫關係讓我們得圓滿而放下

為何必須照見五蘊皆空，才能度一切苦厄？五蘊就大地來說是金、木、水、火、土的變化與衰旺，有五行就有磁場，有磁場就能孕育生命，生命的空是什麼？我們一生中不可或缺的是什麼？就是五倫關係，也就是給予我們生命的父母關係、陪伴終生的夫妻關係、相互成長的朋友關係、學習包容與扶持的兄弟關係，還有學習生存的君臣關係。這五種關係讓我們成長，也讓我們的生命更豐富；這五種關係讓我們快樂，也使我們沮喪；這五種關係讓我們得圓滿而放下，也讓我們失望而放棄。

那麼該如何做？你想要怎麼做，才能「空」？要度一切苦厄，也就是你要幫助他們解決一切的苦難，你的五倫關係就圓滿了。每一個人的輪迴轉世皆為了圓滿五倫關係，不是有句話「女兒是父親的前世情人」？這句話聽起來

很美，但事實卻是前世的男人並未好好疼愛情人，所以在這一世投胎成父女，換做父親的角色還她一個疼愛。但凡你在前一世未得圓滿，在這一世換一個角色，依然得圓滿五倫關係。這就是大世界的遊戲規則。

經文內容說的全是累生累世、不生不滅、永續的生命，大多數人讀經多年卻依然不明白其中蘊含的真理及道理，因為你只用這一世的觀念來看待，當然不明白，心經已清楚揭示了。

3、「舍利子，是諸法空相，不生不滅，不垢不淨，不增不減」

凡是悟道的、覺悟的人，你們所看到的法全是空的，因為所有的法都是累生累世、清楚明白而且未曾改變。這句話說的不只是法，也包含真正的生命「靈魂」。

「照見五蘊皆空，度一切苦厄」這句經文中最難做到的其實是「空」。何為「空」，就是沒有；明明每個人都有五倫關係，又怎麼可能是空，又要如何才能做到「空」呢？有人選擇遁入空門、斷六根、絕五倫，也是一種空。當然你選擇這樣的方式也可以，但不可能每一世，甚至累世吧！這是違反遊戲規則，絕無可能，因為靈魂來到這個大世界為的就是圓滿五倫關係。

這個大世界中有二個世界，一個是有形的世界，你看得到、摸得到、聽得到、聞得到，我們稱它是人間；另一個世界是你看不到、摸不到、聽不到、聞不到的無形世界，就是俗稱靈的世界。這個大世界，一個是輪迴做功課的世界，我們稱陽世，一個是等待輪迴的陰間。這個大世界有陰也有陽，陰陽要平衡，從各個方面皆得以驗證。男與女是一個陽、一個陰；太陽與月亮也是一個陽、一個陰；

白天與黑夜也是一個陽、一個陰；陸地與海洋也是一個陽、一個陰。所有的動植物、大自然現象都有陰及陽，皆在運行陰陽平衡。

「照見五蘊皆空」的「空」字，可以用「沒有」、「空」來解讀，也可以用「盈」、「滿」及「豐富」來解讀。雖然僅以「照見五蘊皆空」這段觀照自己的五倫關係是「空」及「沒有」，但若以「照見五蘊皆空，度一切苦厄」整句來看，卻是只要你願意度一切苦厄，那麼你的五倫關係就會達到「盈」、「滿」或「豐富」的境界。回頭還是來說「空」字是最難的，它可以「沒有」、「空」，也可以「盈」、「滿」或「豐富」，因為每個靈魂的成長過程不同，有人需要空，有人需要滿，有人在這世學習空，有人在這世學習滿。這樣複雜的「空」或「滿」的學習，在佛經中處處可見。所以心經說的「皆空」是在告訴你，做人要隨時空杯才可以裝進不同的飲料，也才能品嘗各種的人生味道。

4、「是故空中無色無受想行識,無眼耳鼻舌身意,無色聲香味觸法」

這句是要告訴我們,所以你們要學習如何滿足及如何再接受失去,如何不在意與生俱來的感觀,以及它們所帶給你的感覺。

5、「無眼界乃至無意識界,無無明亦無無明盡,乃至無老死亦無老死盡。無苦集滅道。無智亦無得,以無所得故」

這句則說明無形、有形的世界以及靈魂生命的過程。

看到這裡,很多人依舊不明白。經文就是如此,讓很多人不了解其背後的深意,因為佛說不可說,你得親身經歷才能體悟並傳述;但是大部分學佛的人以及你們的師父都會這麼說:不可以通靈,通靈是怪力亂神!他們為何這麼說呢?因為未曾親眼見證無形的世界,只是從經文中略知一二,或者聽前人訴說而已。無形的世界廣大無邊,有天、有地、有妖精、有神仙,感應的人各看各的,各有各的機緣,每人感應到的,未必其他的人感應得到,說法既

不一定，也無統一的說法，更無統一的課本，如何能說得清楚、道個明白？直截了當告訴你不可通靈，那不是正道，這麼說也是沒錯。你看到了妖說是仙，你看到了天說是無極，你看到了鬼也可以說是通靈。我通靈就看不到鬼，總之，靈的世界何其大，分為不同的層級，不同的緣分會有不同的通靈能力，誰能說你通錯靈，我通對靈，誰都說不了，因為靈的世界無邊無垠。

　　靈的世界這麼大，祂包含你眼睛看到的、你無法想像的，祂是存在的，但卻無法得知存在的時間。我們以為死亡之後便能到達靈的世界，但是又無法以此來說明；人們以為到達之後就不再有苦難，但是苦難結束與否亦無法確切說明那個世界。我們完全無法說明那個無形的世界，唯有智者才能悟到那個世界。

　　其實看到這裡，經文真正要表達的就是靈魂是永續的生命，祂不是你所想像的那般有盡頭，也不是你以為學了就能全明白；如此難以理解的事情，無須再想了，把心定下來，切實地思考如何做好自己，觀照自己的「滿」與「空」吧！

6、「菩提薩埵,依般若波羅蜜多故,心無罣礙,無罣礙故,無有恐怖,遠離顛倒夢想,究竟涅槃」

「菩提」,我們都聽過菩提心,一個人有菩提心就是一個善良的人,也可以說是如同佛祖一般有心幫助他人的人,「薩埵」則是確認不假,真心表達。「菩提薩埵」就是真心不假的告訴你們,如果你想要有大智慧,像佛祖一樣有智慧,首先要做的就是不要想太多,不要被自己想像而無中生有的事情嚇到,自己嚇自己,因為死了再來的那件事,並非經過思考及揣測就能讓你得到智慧。

那麼整句經文的意思是什麼呢?就是告訴你只用想的根本無濟於事,所以你不要想太多,而要多做,無須多想。修行在紅塵,過好生活,好好的過日子,才能悟道何謂大智慧,死了才能不再來。

7、三世諸佛，依般若波羅多故，得阿耨多羅三藐三菩提

　　「三世諸佛」指的是在輪迴的靈魂；「得阿耨多羅三藐三菩提」則是得到大智慧，得到天、地、人三界的遊戲規則以及累世的智慧。何為天、地、人三界的遊戲規則，即靈魂升等與升級的方式。說真的，如果不通靈又怎能知道呢？

8、末段－稱頌與讚嘆

　　接下來經文說的不外乎這是真的，以及讚嘆，好比基督教教友都會以讚嘆主、感恩及讚美主作為結尾。

　　故知般若波羅蜜多，是大神咒，是大明咒，是無上咒，是無等等咒，能除一切苦真實不虛，故說般若波羅蜜多咒，即說咒曰：

　　揭諦　揭諦　波羅揭諦　波羅僧揭諦　菩提薩婆訶。

三、結語

　　在最後一章特地為大家說明「貪」及「般若波羅蜜多心經」，實在是因為大家明白了心經，便懂得如何降服己心，如何平衡我們的貪念了。

願祝大家開心，心想事成。

國家圖書館出版品預行編目(CIP)資料

靈魂啟蒙師. 4, 療癒後的圓滿人生 / 石卡羅作.
 -- 初版. -- 臺北市：卡羅老師有限公司, 民
114.03
　　面 ；　公分
　ISBN 978-626-99117-0-7(平裝)

　1.CST: 通靈術 2.CST: 靈修

296.1　　　　　　　　　　　　113015103

靈魂啟蒙師 ④ 療癒後的圓滿人生

作者：石卡羅
設計：淞揚數位科技有限公司
校對：黃依玲、鐘紫洵、陳姵璇、任怡蓁
出版發行：卡羅老師有限公司
客服電話：02-2872-4506
公司地址：台北市士林區中山北路七段124巷1號1樓
官方網站：https://carol688.cyberbiz.co
電子信箱：carolhall1241@gmail.com
Line可搜尋
卡羅老師有限公司
官方帳號：@carol_shih

印製：全凱數位資訊有限公司
經銷：聯合發行股份有限公司
電話：02-2917-8022

版次：2025(民114)三月 初版一刷
定價：380元